职业教育烹饪（餐饮）类专业"以工作过程为导向"
课程改革"纸数一体化"系列精品教材

CANYIN CHUANGYE BIBEI XINXI JISHU SUYANG

餐饮创业必备信息技术素养

主　编　李明慧　侯广旭
副主编　徐正文　刘冬梅
参　编　肖　莉　郜　鸣

华中科技大学出版社
http://www.hustp.com
中国·武汉

内 容 简 介

本书是职业教育烹饪(餐饮)类专业"以工作过程为导向"课程改革"纸数一体化"系列精品教材。

本书共3模块、6个专题、12个项目,内容包括企业宣传必备信息技术素养、企业管埋必备信息技术素养和企业网络营销必备信息技术素养。本书配套丰富的数字资源,既可用于学生自学,也可用于教师教学。

本书适合职业院校烹饪(餐饮)、服务类专业学生使用,还可作为相关社会职业技能培训以及餐饮创业者的参考用书。

图书在版编目(CIP)数据

餐饮创业必备信息技术素养/李明慧,侯广旭主编.—武汉:华中科技大学出版社,2020.11(2024.1 重印)
ISBN 978-7-5680-6712-6

Ⅰ.①餐… Ⅱ.①李… ②侯… Ⅲ.①饮食业-计算机应用-职业教育-教材 Ⅳ.①F719.3-39

中国版本图书馆 CIP 数据核字(2020)第 265340 号

餐饮创业必备信息技术素养 　　　　　　　　　　　李明慧　侯广旭　主编
Canyin Chuangye Bibei Xinxi Jishu Suyang

策划编辑:汪飒婷
责任编辑:张　琳
封面设计:原色设计
责任校对:李　琴
责任监印:周治超
出版发行:华中科技大学出版社(中国·武汉)　　电话:(027)81321913
　　　　　武汉市东湖新技术开发区华工科技园　　邮编:430223
录　　排:华中科技大学惠友文印中心
印　　刷:武汉科源印刷设计有限公司
开　　本:889mm×1194mm　1/16
印　　张:10.75　插页:1
字　　数:261 千字
版　　次:2024 年 1 月第 1 版第 2 次印刷
定　　价:39.80 元

本书若有印装质量问题,请向出版社营销中心调换
全国免费服务热线:400-6679-118　竭诚为您服务
版权所有　侵权必究

职业教育烹饪（餐饮）类专业"以工作过程为导向"
课程改革"纸数一体化"系列精品教材

编委会

主任委员

郭延峰　北京市劲松职业高中校长
董振祥　大董餐饮投资有限公司董事长

副主任委员

刘雪峰　山东省城市服务技师学院中餐学院院长
刘铁锁　北京市延庆区第一职业学校校长
刘慧金　北京新城职业学校校长
赵　军　唐山市第一职业中专校长
李雪梅　张家口市职业技术教育中心校长
杨兴福　禄劝彝族苗族自治县职业高级中学校长
刘新云　大董餐饮投资有限公司人力资源总监

委　员

王为民　张晶京　范春玥　杨　辉　魏春龙
赵　静　向　军　刘寿华　吴玉忠　王蛰明
陈　清　侯广旭　罗睿欣　单　蕊

总序

职业教育作为一种类型教育,其本质特征,诚如我国职业教育界学者姜大源教授提出的"跨界论":职业教育是一种跨越职场和学场的"跨界"教育。

习近平总书记在十九大报告中指出,要"完善职业教育和培训体系,深化产教融合、校企合作",为职业教育的改革发展提出了明确要求。按照职业教育"五个对接"的要求,即专业与产业、职业岗位对接、专业课程内容与职业标准对接、教学过程与生产过程对接、学历证书与职业资格证书对接、职业教育与终身学习对接,深化人才培养模式改革,完善专业课程体系,是职业教育发展的应然之路。

国务院印发的《国家职业教育改革实施方案》(国发〔2019〕4号)中强调,要借鉴"双元制"等模式,校企共同研究制定人才培养方案,及时将新技术、新工艺、新规范纳入教学标准和教学内容,建设一大批校企"双元"合作开发的国家规划教材,倡导使用新型活页式、工作手册式教材并配套开发信息化资源。

北京市劲松职业高中贯彻落实国家职业教育改革发展的方针和要求,与大董餐饮投资有限公司及20余家星级酒店深度合作,并联合北京、山东、河北等一批兄弟院校,历时两年,共同编写完成了这套"职业教育烹饪(餐饮)类专业'以工作过程为导向'课程改革'纸数一体化'系列精品教材"。教材编写经历了行业企业调研、人才培养方案修订、课程体系重构、课程标准修订、课程内容丰富与完善、数字资源开发与建设几个过程。其间,以北京市劲松职业高中为首的编写团队在十余年"以工作过程为导向"的课程改革基础上,根据行业新技术、新工艺、新标准以及职业教育新形势、新要求、新特点,以"跨界""整合"为学理支撑,产教深度融合,校企密切合作,审纲、审稿、论证、修改、完善,最终形成了本套教材。在编写过程中,编委会一直坚持科研引领,2018年12月,"中餐烹饪专业'三级融合'综合实训项目体系开发与实践"获得国家级教学成果奖二等奖,以培养综合职业能力为目标的"综合实训"项目在中餐烹饪、西餐烹饪、高星级酒店运营与管理专业的专业核心课程中均有体现。凸显"跨界""整合"特征的《烹饪语文》《烹饪数学》《中餐烹饪英语》《烹饪体育》等系列公共基础课职业模块教材是本套教材的另一特色和亮点。大董餐饮投资有限公司主持编写的相关教材，更是让本套教材锦上添花。

本套教材在课程开发基础上，立足于烹饪（餐饮）类复合型、创新型人才培养，以就业为导向，以学生为主体，注重"做中学""做中教"，主要体现了以下特色。

1. 依据现代烹饪行业岗位能力要求，开发课程体系

遵循"以工作过程为导向"的课程改革理念，按照现代烹饪岗位能力要求，确定典型工作任务，并在此基础上对实际工作任务和内容进行教学化处理、加工与转化，开发出基于工作过程的理实一体化课程体系，让学生在真实的工作环境中，习得知识，掌握技能，培养综合职业能力。

2. 按照工作过程系统化的课程开发方法，设置学习单元

根据工作过程系统化的课程开发方法，以职业能力为主线，以岗位典型工作任务或案例为载体，按照由易到难、由基础到综合的逻辑顺序设置三个以上学习单元，体现了学习内容序化的系统性。

3. 对接现代烹饪行业和企业的职业标准，确定评价标准

针对现代烹饪行业的人才需求，融入现代烹饪企业岗位工作要求，对接行业和企业标准，培养学生的实际工作能力。在理实一体教学层面，夯实学生技能基础。在学习成果评价方面，融合烹饪职业技能鉴定标准，强化综合职业能力培养与评价。

4. 适应"互联网＋"时代特点，开发活页式"纸数一体化"教材

专业核心课程的教材按新型活页式、工作手册式设计，图文并茂，并配套开发了整套数字资源，如关键技能操作视频、微课、课件、试题及相关拓展知识等，学生扫二维码即可自主学习。活页式及"纸数一体化"设计符合新时期学生学习特点。

本套教材不仅适合于职业院校餐饮类学生使用，还适用于相关社会职业技能培训。数字资源既可用于学生自学，还可用于教师教学。

本套教材是深度产教融合、校企合作的产物，是十余年"以工作过程为导向"的课程改革成果，是新时期职教复合型、创新型人才培养的重要载体。教材凝聚了众多行业企业专家、一线高技能人才、具有丰富教学经验的教师及各学校领导的心血。教材的出版必将极大地丰富北京市劲松职业高中餐饮服务特色高水平骨干专业群及大董餐饮文化学院建设内涵，提升专业群建设品质，也必将为其他兄弟院校的专业建设及人才培养提供重要支撑，同时，本套教材也是落实国家"三教改革"要求的积极探索，教材中的不足之处还请各位专家、同仁批评指正！我们也将在使用中不断总结、改进，期待本套教材拥有良好的育人效果。

职业教育烹饪（餐饮）类专业"以工作过程为导向"课程改革
"纸数一体化"系列精品教材编委会

前言

职业教育是人才培养的重要阵地,职业学校培养的人才毕业后面临升学、就业、创业三种选择,相当一部分学生在毕业后走上创业之路。

在"大众创业、万众创新"的大时代背景下,创业者不仅是管理者,也应该是学习者、思考者和行动者,创业者要通过信息技术了解市场、分析客户,也要懂成本管理和网络营销。近年来餐饮行业成功的创业者不约而同地将信息化的手段、先进的管理思想融入企业经营管理中,传统企业也纷纷拥抱互联网,用信息化优化企业的管理和运营。

目前大多数学校还未正式将创新创业教育列入课程,学生在校期间,往往过分偏重专业课程的学习,创新能力、应变能力、沟通能力、设计能力、信息使用能力普遍不高。导致不少学生在创业的路上出现因循守旧、适应性差、对信息变化不敏锐、不敢大胆创新、创业定位不准确等问题。

本书的编写团队经过认真调研,从餐饮企业信息化多方面、多层面、多发展阶段的职业岗位分析入手,以提高餐饮创业必备的信息能力与信息素养为主要目标,培养餐饮行业信息化应用型人才。

本书强调以实践为基础、以职业为导向,注重社会需求、行业需求和学生需求的统一,强调人才培养的针对性、适用性,与企业真实应用紧密结合,整合信息技术学科核心素养与餐饮行业从业、创业的素养要求,创新性地建立了包括培养目标、学习内容、实践形式、考核评价等学习模式。

本书充分参考餐饮多个岗位所需的典型信息技术相关知识与技能,结合真实的岗位工作案例,创新性地将工作情境、学习情境整合为情境故事,使本书阅读起来轻松有趣。

本书能力目标依据中等职业学校信息技术课程标准中拓展模块实用图册制作、数据报表编制、数字媒体创意、演示文稿制作、个人网店开设等专题的学习要求进行设置。

本书细致生动的讲解,丰富的多媒体学习资源,强力支持自主学习,能有效提升餐饮行业学习者和从业者的信息素养。

本书的编写成员均为从事教学工作多年的中等职业学校教师:主编侯广旭老师广泛开展行业企业调研,以能力为线索,以项目为载体,提出了教材编写提纲,并承担了篇首创业故事及各模块的内容介绍；主编李明慧老师切实落实"做中学"的教育思想，以科学的行动过程呈现项目执行，形成特色鲜明的教材体例，并组织研制教材样章，还承担了短视频宣传推广项目的编写；徐正文老师负责文稿统编及公众号的创建、公众号的运营、网店的创建、网店的推广与运营四个项目的编写；刘冬梅老师负责H5邀请函制作、宣传单制作、扫码点餐促销三个项目的编写；郜鸣老师负责菜品利润核算、菜品利润分析两个项目的编写。肖莉老师负责菜品研发汇报、员工销售培训两个项目的编写。

本书在编写过程中，得到包括职业学校领导、企业人员、专业教师、学科专家、课程专家、教育研究人员的持续关注和大力支持，本书编写团队在此对各位专家的指导深表感谢。同时，也真诚希望本书能为读者的学习和工作提供支持和帮助！

愿每个乘风破浪的你，都有勇气与智慧加持。

编者

背景故事

小文的创业故事

小文是中职学校烹饪专业的毕业生,毕业后在一家饭店担任厨师。经过几年的工作实践,小文发现都市白领对精致又美味的菜品感兴趣。出于对餐饮行业发展趋势独到的理解,小文毅然选择了自己创业。

小文在厨房进行冷菜摆盘

关于开一家餐厅,有的人有丰富的经验,有的人有雄厚的启动资金。小文的启动资金不足,管理经验也缺乏,于是小文选择和志同道合的好友小朋合伙经营。小朋是他的师哥,曾在一家酒店担任领班,有一定的管理经验。合伙经营既能解决创业初期资金不足的难题,又能解决个人管理经验有限的问题。对小文来说,这是一个理想的选择。

小文和小朋设计餐厅布局

合伙开餐厅,最重要的就是要保持理念一致。不仅要处理繁杂的事务,维持日常运转;还要考察、计划、组织、领导、公关、督促、改善……

小文主要负责餐厅的宣传推广,小朋负责餐厅的管理运营。

万事开头难,在刚起步的时候,小文整夜失眠。面对一个个考验,一道道难关,他勇于学习,迎难而上,全力以赴。经过不懈努力,他们的餐厅终于在市场中站稳了脚跟。餐厅融合中西餐元素,菜品新颖别致,环境典雅舒适,服务质量高,逐渐赢得了良好口碑。

小文策划餐厅宣传活动

小文发现餐厅运营管理中很多工作都与信息技术密切相关,而信息技术素养是小文相对缺乏的。小文多希望能有一本有效提升餐饮从业人员信息技术素养的教材!

本书就是为像小文一样的千千万万餐饮从业人员量身打造的。本书充分参考了餐饮行业多个岗位所需的典型信息技术相关知识与技能,结合真实的岗位工作案例,创新性地将工作情境、学习情境整合为情境故事,使本书阅读过程轻松有趣。

小文欣喜地阅读本书

愿众多有奋斗情怀的餐饮行业从业者,能学无止境,时刻保持充沛的精力,用科学的方法、人文的关怀、永不放弃的精神,与团队朝着同一个目标前进。

目录 CONTENTS

- 1 **模块一 企业宣传必备信息技术素养**
  - 3 专题一 餐厅活动宣传
  - 3 　　项目一 H5邀请函制作
  - 16 　　项目二 宣传单制作
  - 32 专题二 餐厅营销宣传
  - 32 　　项目一 扫码点餐促销
  - 41 　　项目二 短视频宣传推广

- 61 **模块二 企业管理必备信息技术素养**
  - 63 专题一 成本控制
  - 63 　　项目一 菜品利润核算
  - 72 　　项目二 菜品利润分析
  - 81 专题二 汇报培训
  - 81 　　项目一 菜品研发汇报
  - 95 　　项目二 员工销售培训

- 107 **模块三 企业网络营销必备信息技术素养**
  - 109 专题一 公众号建设
  - 109 　　项目一 公众号的创建
  - 125 　　项目二 公众号的运营
  - 136 专题二 网上店铺建设
  - 136 　　项目一 网店的创建
  - 150 　　项目二 网店的推广与运营

- 161 **参考文献**
- 162 **后记**

模块一
企业宣传必备信息技术素养

◆ 学习导读

随着餐饮业市场竞争越来越激烈,企业口碑时代已经来临,连锁加盟店的兴起就是最好的例证。利用各种手段适时适度地宣传自己,已成为餐饮业经营和竞争的一个十分重要的手段和内容。作为餐饮企业经营者,必须在全面了解餐饮企业状况的前提下,进行精准的定位、周密的策划,别具新意地开展餐饮企业的宣传,才能收到良好的效果。

餐饮企业宣传主要包括以下内容。

一、宣传产品和服务

通过在企业现场及媒体上做产品广告,或营销人员向目标顾客介绍本企业产品和服务的有关知识,或在网上介绍本企业的产品和服务等方式进行。

二、宣传企业形象

通过在报刊、电台、电视台、网络平台等媒体上发布有关企业及其产品的报道,以达到扩大企业知名度、推广企业文化、树立企业形象、促进产品销售的目的。

宣传能为企业创造无形财富。网络与新媒体的兴起，要求企业的宣传方式和宣传理念发生变革，这也对企业管理者的信息技术能力及信息技术意识提出了更高的要求。

餐饮企业宣传所需的信息技术素养主要包括邀请函、易拉宝、宣传单、餐单、图片、短视频等多种宣传载体的设计与制作，以及公众号等各种媒体平台的推广等。

本模块将以小文餐厅的开业宣传为案例，应用常见的工具软件，尽可能使用不同的方法，介绍邀请函制作、宣传单、扫码点餐系统的应用以及短视频宣传推广。其他宣传推广方式，希望学习者能通过案例的介绍，举一反三，灵活运用，大胆尝试，不断创新。

专题一

餐厅活动宣传

项目一　H5邀请函制作

情境故事

金秋时节,硕果累累。经过紧锣密鼓的筹备和试运营,在这喜迎收获的季节,"小文餐厅"于9月12日正式营业!

餐厅的宣传口号是"传承饮食文化,传播特色美味"。为庆祝餐厅开业,充分营造欢庆氛围、推广餐厅主打菜品、传播企业文化,定于9月12日当天举办开业庆典活动。小文和小朋计划邀请亲朋好友、业界同行、食材供应商等约160名宾客参加此次庆典活动。现需提前给被邀请方发出邀请,告知活动主题、时间、地点等具体信息,并收集对方的回执信息以便提前进行现场座次安排。

小文了解一种利用微信传播的电子邀请函,能通过转发二维码或点击超链接实现邀请函"秒送达",与传统的纸质邀请函相比电子邀请函具有传输速度快、呈现效果丰富等特点。小文也想采用这种电子邀请函,但他不了解如何制作和使用,让我们和小文一起学习电子邀请函(图1-1-1)的设计和制作吧!

图 1-1-1

项目描述

以电脑(或手机)为工具,在网络环境下,使用网络平台工具或手机APP制作餐厅开业庆典的电子邀请函,通过网络渠道发布邀请函并回收确认信息。

餐饮创业必备信息技术素养

▣ 能力目标

（1）了解电子邀请函，使用至少一种工具制作电子邀请函。

（2）明确邀请方的需求，概括相关信息，表达清晰。

（3）在制作邀请函的过程中探究构图、色彩、文字设置等知识。

▣ 项目图解

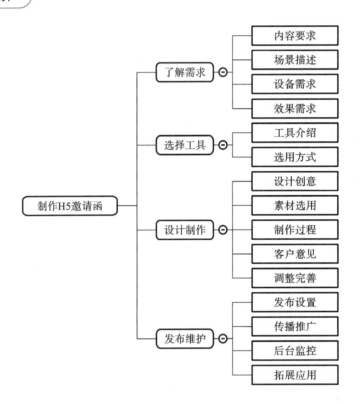

▣ 项目实施

为了餐厅的开业庆典，小文要自己动手设计邀请函，小文首先了解了关于邀请函的相关知识以及常用格式。

 知识链接

邀 请 函

邀请函又称请柬、请帖，是单位、团体或个人邀请有关人员出席隆重的会议、庆典，参加某些重大活动时发出的礼仪性书信。它不仅表示礼貌庄重，也有凭证的作用。

邀请函的形式要美观大方，内容要简洁明了，尽量不要有太多文字，所用语言应恳切，文字须准确、简练、文雅。

邀请函一般由标题、称谓、正文、落款四部分组成。标题在第一行中间，或单独占用一页当作封面。称谓即被邀请方的姓名或单位名称，需顶格写，姓名之后写上职务或职称等。小文的邀请函称谓可以使用统称,即"尊敬的××先生/女士"。邀请函的正文是需要告知被邀请方的事项,包括举办活动的缘由、目的、事项及要求,写明活动的日程安排、时间、地点,对被邀请方发出得体、诚挚的邀请,正文一般用"敬请光临""请届时出席"等礼貌用语结尾。落款写明邀请方的署名和发函日期。

传统邀请函是纸质的,一般采用红纸或特制的请柬。随着技术的进步,使用电脑、手机等智能设备制作电子邀请函开始流行,传统邀请函只能传达文字信息,而电子邀请函则更全面,文字、图片、视频、音乐等会让邀请函独出心裁,显得更加个性十足。电子邀请函成本低、传输便捷,比传统邀请函更环保。

邀请函的常见格式如下。

邀 请 函

尊敬的××先生/女士:

  您好!

  ××餐厅将于××××年××月××日举行开业庆典活动,诚挚邀请您莅临。

  时间:××××年××月××日××点××分

  地点:××餐厅(××市××区××街道××号)

  联系人:李经理

  联系电话:13×××××××××

  具体到达时间和出席人数,请予以确认并回复,以便我方安排具体招待事宜。

  后附回执表。

  敬请光临!

××餐厅
××××年××月××日

≡▶ 标准规范

设计和制作邀请函时,需注意以下几点。

(1)邀请函格式正确,措辞规范。

(2)必备内容完善:标题、称谓、正文、落款。

(3)信息表达准确、简洁。

(4)界面美观大方,组成元素和谐,操作指示明确。

(5)实现客户的个性需求。

(6)能通过电脑端、移动端进行传播。

工作流程

了解需求 → 选择工具 → 设计制作 → 发布维护

一、了解需求

了解需求是本项工作的开始,也是影响邀请函最终是否达到预期效果的重要因素。小文通过与小朋沟通,确定了邀请对象,明确了开业活动邀请函的要求,包括邀请函的内容、传播方式等方面的要求,对邀请函的呈现效果进行描述,同时确认了开业活动的时间、地点等信息等。

任务名称	制作餐厅开业活动电子邀请函		
餐厅名称	小文餐厅	联系人及联系方式	小文 13800000001
活动地点	文朋路1号	活动时间	9月12日16:00
邀请对象	亲朋好友、业界同行、食材供应商等约160名宾客。		
制作需求	(1)邀请函首页及最后出现"小文餐厅"名称。 (2)邀请函中呈现活动地点的地图及联系方式。 (3)邀请函需要得到对方的确认回执。		
备注	邀请函的配色及元素结合"金秋""硕果""收获"等季节特点与美好寓意。		

二、选择工具

可以用于设计制作H5的网站平台和软件有很多,小文选用"易企秀"平台进行邀请函制作。

(一)设备、工具准备

多媒体网络环境、多媒体电脑(Windows 7及以上操作系统)。

(二)网站(或手机APP)准备

打开电脑浏览器,在地址栏输入"易企秀"的网址"http://www.eqxiu.com"并确认,打开"易企秀"网站主页(图1-1-2)。

图1-1-2

单击"注册"按钮,可使用微信注册或手机注册,也可使用 QQ 号码及微博账号等方式注册。根据网站提供的流程完成注册(已注册过的用户跳过注册步骤)。

注册成功后,单击"登录"按钮,使用已经申请的用户名和密码登录网站。

首先选择一个模板。"易企秀"提供的模板种类有很多,有 H5、海报、长页、表单等。H5 可呈现常见的翻页效果,小文选用的就是 H5 模板。不同活动对邀请函的需求不同,H5 模板除邀请函类外,还有招生招聘、海报促销、活动庆祝、纪念相册等种类。不同模板生成的电子邀请函主色调、呈现形式等各不相同,向被邀请方传达的信息也各不相同,用户使用时要根据需求选用合适的模板。本任务要制作用于商务宴请的邀请函,适合选用"邀请函"—"庆祝典礼"类的模板。

点击选择"庆祝典礼"类别后,在打开的新页面中出现多个此类邀请函。此处展现的是各邀请函模板的封面,单击某个封面即可进入预览模式,就能欣赏该模板各页面的呈现内容、呈现方式、背景音乐等。小文选用了名为"新店盛大开业活动邀请函"的模板(图 1-1-3)。该模板由 5 个页面组成,其中的第一页和第五页分别为封面和封底,第二、三页为信息展示,第四页为回执信息填写页。

图 1-1-3

需要说明的是,大多数网站提供的模板分为免费和收费两种。免费模板通常界面简单,其美观程度及功能都不及收费模板。"易企秀"的收费模板可以使用"秀点"来购买。"秀点"可以通过以下几种方式获取:"易企秀"网站论坛积分可换取秀点;参加"易企秀"不定期举办的活动可得到秀点;通过公开发售的形式购买秀点。

三、设计制作

确定模板后,单击"立即使用"按钮即可生成该模板的 H5 应用场景编辑界面,开始对该场景的页面逐一进行编辑。

编辑界面的中间是场景窗口,即为单个页面编辑区;左边是单页模板区,可为当前编辑页面进行功能设置或元素设计;该界面上端列出的是编辑工具,可用于在页面中添加元素;界面右侧为场景选项和场景页面管理,可对此场景进行保存、预览、发布等操作,并能用于页面增删等操作(图 1-1-4)。

图 1-1-4

单个页面的编辑设置主要是根据邀请函内容需求对邀请函每个页面的呈现内容进行编辑、对呈现方式进行设置,包括对文字、图片、音乐、动画效果等的编辑及设置。模板页面自带的元素已经做好了格式设置,用户可根据实际需求编辑、调整、修改文字、LOGO、图片等元素,也可通过页面上端的按钮来插入文本框、图片等新的元素。

分页面编辑过程如下。

(一)封面页

在"页面管理"中双击第一页,重命名为"封面"。通常设置为简洁直观的页面名称,目的是为了直接标示该页面的作用(图 1-1-5)。

在编辑区,单击页面上的 LOGO 图标,弹出"组件设置"面板,单击"更换图片"按钮,选择小文公司的 LOGO 替换原图片(用户图片可自电脑本地上

图 1-1-5

传、手机上传等,图片一经上传即在该账户的图片库中保存,以备随时使用)。选择图片后进行确认,图片替换完成。

之后分别双击页面下端的文本编辑区,编辑"新店开业敬请莅临"字样和开业典礼具体时间。

点击右上角的"保存"按钮,将以上编辑内容进行保存,该页面的编辑结束。

(二) 发出邀请页

根据需要,将原第二页删除,则原来的5页变为现在的4页。原第三页变为现第二页。

将第二页改名为"发出邀请页"。之后双击第二页下端的文本框,进入文本编辑状态,将原文字编辑替换为邀请函内容。单击页面右上角的"保存"按钮及时保存编辑后的成果。

本页主要用于展现邀请函的内容。邀请函的称谓写在正文之前,顶格写,为表尊重一般在称谓前加上"尊敬的"字样。本次制作的是群发的电子邀请函,用"尊敬的贵宾"字样作为统称。

邀请函的正文需说明邀请对方参加何种活动以及活动方式、活动时间、活动地点、应邀确认等信息。

(三) 反馈信息页

接着编辑第三页,先将其重命名为"反馈信息页"。然后修改其文本为"反馈信息",依次设置输入框的输入类型分别为"姓名""性别""是否参加""联系方式"。

要注意的是,输入框的输入类型用于限制输入内容的类型,要根据实际需求进行设置,如设置错误,则会直接影响后台数据收集的准确性,进而会影响对顾客信息的确认。

(四) 尾页(封底页)

本页为邀请函的尾页,计划在本页显示小文餐厅的具体地址,以便受邀者能采用导航工具顺利抵达。首先将多余的文本框删除,仅留上端一个文本框并设置文字为"期待莅临"以表达对邀请对象的诚挚邀约。点击"组件"—"地图",将地图插入本页,设置本组件的地址指向为小文餐厅的准确地址,设置显示文字为"小文餐厅"。单击"保存"按钮,本页设置完成(图1-1-6)。

邀请函各页面编辑完成后,单击窗口右上角的"预览和设置"按钮,对邀请函进行通篇预览及检查。检查内容主要包括以下几方面。

(1) 内容是否齐备:包括活动时间、活动地点、活动内容、活动方式等。

(2) 信息是否准确:是否有错别字、联系电话和地址信息是否准确等。

(3) 呈现顺序是否合理:一般按照活动内容、活动方式、活动时间和地点、联系方式、确认回执等顺序进行呈现。

图 1-1-6

（4）呈现效果体验：字体字号是否合适、背景音乐是否需要更换等。

在预览过程中发现问题可随时返回编辑状态进行修改设置，邀请函内容检查完毕后，设置显示信息：将"标题"设置为"小文餐厅开业庆典邀请函"；将"描述"设置为"小文餐厅欢迎您！"字样。

单击右上角的音乐图标，将背景音乐更换为适合主题的钢琴曲。

内容修改调整完善后，再次单击"预览和设置"预览整体效果，包括邀请函标题、描述文字、翻页效果等，确认无误后即完成作品编辑。

四、发布维护

单击网页右上角的"发布"按钮发布页面（图 1-1-7）。根据需求选择二维码分享或链接分享。本例选择将二维码分享给客户，经客户审核认可，发布到朋友圈或单独发送给微信用户进行传播。

图 1-1-7

效果展示

邀请函效果展示请扫二维码。

评价检测

电子邀请函是否符合需求，要从客户角度评价。一般分为作品评价和效果评价。使用前评价主要从内容、功能两个方面对电子邀请函进行评价。内容主要看邀请信息是否齐全、表达是否清晰等，功能主要看是否切合邀请作用、是否利于传播等。

电子邀请函设计任务评价表

评价内容	评 价 要 求	评 价 指 标
内容要求	1.邀请函格式正确，措辞规范。	□不合格□合格□优秀
	2.必备内容完善：标题、称谓、正文、落款。	□不合格□合格□优秀
	3.信息表达准确、简洁。	□不合格□合格□优秀
	4.界面美观大方，组成元素和谐共存、无突兀感。	□不合格□合格□优秀
	5.实现客户的个性需求。	□不合格□合格□优秀

续表

评价内容	评价要求	评价指标
传播要求	1. 能用电脑、手机进行传播。	□不合格□合格□优秀
	2. 界面友好,操作指示明确。	□不合格□合格□优秀

电子邀请函的使用效果评价需要在发布邀请函后,参考邀请客户的成功率,以及客户关于邀请函内容的反馈,涉及的因素比较复杂,暂不做介绍。

延伸学习

一、电子邀请函的制作工具

电子邀请函需要通过专门的网站、电脑软件或手机 APP 来进行制作。目前互联网上比较常见的制作工具有"易企秀""MAKA""兔展"等。本书以"易企秀"为例来制作电子邀请函。

（一）"易企秀"网站提供多功能的页面设置

在页面设置方面,"易企秀"提供了非常多的功能。可对文字、图片、背景音乐进行设置,以及在页面中增加表单、特效等操作使用的按钮及面板,用户可以根据需要选用。

（二）"易企秀"社区论坛

在使用中遇到问题时"易企秀"社区论坛为用户提供了技巧交流的平台。

（三）其他制作工具举例

制作电子邀请函的工具及网站有很多,手机 APP 和网站、电脑软件同样好用,且手机更方便随时随地制作电子邀请函。常用制作工具如下。

网站:MAKA、兔展、喜帖吧、婚礼纪、欢庆网。

手机 APP:易企秀 APP、请柬邀请函。

二、H5 简介

H5 到底是什么？业界对其定义尚未统一,以前的理解是:H5 是 HTML5,也就是第五代超文本标记语言,是一种以网页形式进行信息传递的语言。

而现在所讲的 H5 通常是指一类技术,这类技术是指包括 HTML5、CSS 和 JavaScript 在内的一套技术组合,这个技术组合让我们的互联网使用(尤其是移动互联使用)更流畅、更丰富、交互性更强。

H5 是随着近年来互联网移动终端的使用,尤其是各种社交软件的普遍应用而出现的技术。H5 最大的优势就是可以在网页上直接调试和修改,近年来 H5 技术已经在互联网(尤其是移动互联网)中占据了越来越重要的地位,发挥着越来越重要的作用。上面列举的网站均提供了 H5 技术,使得研究和使用成为必要。

当然,H5 技术有其自身的局限性,在日常信息传播中,如需将海量资讯通过 H5 技术来展现并不现实,H5 更擅长讲短故事、展示小场景,对于惊喜解读、深度报道并不擅长。另外,H5 的实现通常需要专业团队的支持,包括视觉设计、视频动画、音乐编曲甚至前端开发等,这对于普通人来讲有一定难度。在日常工作生活中,我们可以根据实际需要采用不同的软件平台,充分利用平台提供的模板进行操作。

日常生活中我们接触到的H5应用有视频H5、合成海报、游戏、拟态类、数据表单、横屏H5、长页面等各种形式，应用于互联网、教育、商业、金融等各行业，满足邀请函、招聘、品牌推广、产品宣传、婚礼庆典等各种需求。小文要设计的邀请函属于商业类邀请函。

拓展训练

拓展任务：批量制作邀请函

虽然H5邀请函形式新颖、效果纷呈，但该邀请函是通过二维码方式发送的，宾客无法保存。为了表示对宾客的尊重，小文和小朋决定在发送二维码的同时通过邮件方式发送邀请函给宾客。由于宾客人数较多，一个个发送会浪费大量的时间，而且容易出现遗漏。他们决定利用Word软件的邮件合并功能，借助Excel文件中存储的宾客信息，快速批量发送电子邀请函邮件。

邮件合并是Office Word软件中一种可以批量处理的功能。先建立两个文档：一个Word文档包括所有文件共有内容的主文档（比如未填写的信封等）和一个包括变化信息的数据源Excel（填写的收件人、发件人、邮编等），然后使用邮件合并功能在主文档中插入变化的信息，合成后的文件用户保存为Word文档，可以打印出来，也可以以邮件的形式发出去。

小文使用邮件合并批量发送邮件的操作流程如下。

第一步：在Excel表格中录入人员名单信息，然后保存并关闭此Excel文件（图1-1-8）。

序号	姓名	性别	工作单位	电子邮箱	联系方式
1	秦**	女士	**饭店	a123@mail.cn	135******0868
2	柏**	先生	**酒店	b123@mail.cn	138******0328
3	魏*	女士	**饭店	c123@mail.cn	138******9134
4	陈*	先生	**酒店	d123@mail.cn	136******2367

图 1-1-8

第二步：打开准备好的Word邀请函模板（图1-1-9）。

邀请函

尊敬的：

您好！

小文餐厅即将举行开业庆典活动，诚挚邀请您的莅临。

时间：2020年9月12日 16点

地点：小文餐厅（文朋路1号）

联系人：小文

联系电话：13800000001

届时恭候您莅临。

此致

小文餐厅

2020年9月

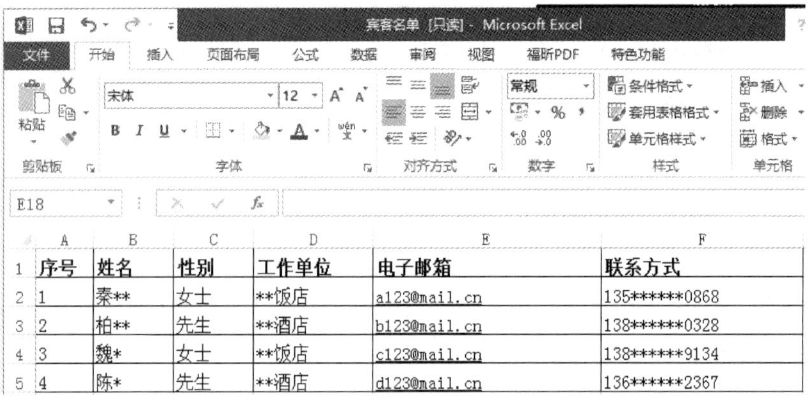

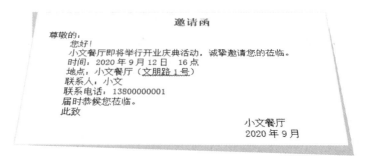

图 1-1-9

第三步:点击"邮件"选项卡"开始邮件合并"功能组中的"电子邮件"。接着点击邮件合并分步向导,进入邮件合并操作(图 1-1-10)。

图 1-1-10

(1)点击右下角"下一步:开始文档",选择"使用当前文档"。

(2)点击"下一步:选择收件人",选择"使用现有列表",并通过"浏览"选择"宾客名单"Excel表,之后确定使用"Sheet1"(图 1-1-11)。

图 1-1-11

选取要发送电子邮件的宾客名单(图 1-1-12)。

(3)点击"下一步:撰写电子邮件"。在此将"宾客姓名"及"先生/女士"插入邮件,将光标放

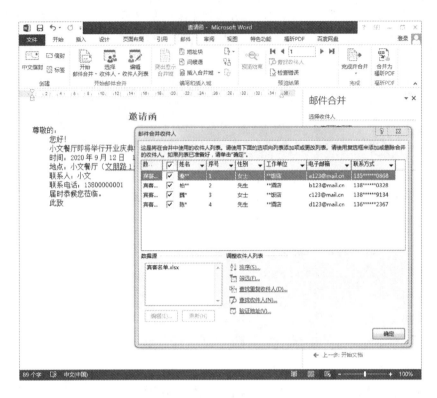

图 1-1-12

在"尊敬的"后并单击,之后单击"其他项目"并依次选择"姓名"和"性别"。

(4)点击"下一步:预览电子邮件",可以预览电子邮件的效果(图 1-1-13)。

图 1-1-13

(5)点击"下一步:完成合并"。点击"合并到电子邮件"按钮,在收件人对应为 Excel 文件的"电子邮箱"列,设置主题行内容,即可完成(图 1-1-14)。

图 1-1-14

打开电子邮件发送程序(默认 Outlook),自动发送邮件。如果邮件没有被自动发送,则创建的电子邮件将保存在"发件箱"中(图 1-1-15)。

图 1-1-15

项目二　宣传单制作

▶ 情境故事

小文餐厅开业后,经营及管理逐渐步入正轨,顾客逐渐增多,日营业额逐步上升。小文和小朋在进行经营规划讨论时,发现其他餐馆经常使用各种促销宣传策略,例如餐饮业的季节性宣传、系列菜品宣传等。于是小文和小朋决定对自家餐厅也进行一些推广宣传,他们非常希望借由本次推广活动使餐厅的营业额再创新高。

▶ 项目描述

设计制作促销菜品的 DM 单、台签,DM 单用于门店周围的传单派发及店内顾客的取用,台签用于促销菜品的桌台展示。

▶ 能力目标

(1) 了解 DM 单、台签的相关知识。
(2) 学习 DM 单、台签的制作。
(3) 感受色彩搭配、构图对作品呈现效果起到的作用。

▶ 项目图解

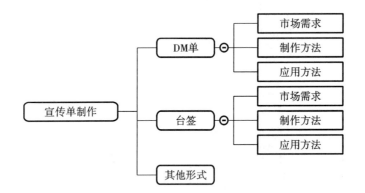

▶ 项目实施

经过讨论和筛选,小文和小朋计划将菜单中的蟹类菜肴做一次主题推广,由于正值秋季,正是蟹肥膏黄的时候,该系列菜单正合时令。

小文和小朋通过网络信息搜索,结合现实生活中的实际,发现大多数餐馆会通过店面宣传品的布置(灯箱、挂壁机、易拉宝、展架、台签等)、宣传单(宣传册、DM 单等)的发放等方式进行宣传推广,经过商议,小文和小朋打算先采取纸质 DM 单、台签等方式进行店面宣传。

任务一　制作 DM 单

在当前的信息技术高度发达的社会背景下,商业推广的途径有很多,可以通过报纸、杂志、电视等大众媒体进行商业推广,也可采取网站、微信公众号等进行线上推广,还可通过店面宣传物料的布置与发放进行面对面推广等。这里先来介绍纸质 DM 单的制作。

知识链接

什么是 DM 单

DM 单是什么？生活中经常遇到一些商家派出工作人员在店铺附近发放宣传单、优惠券,以达到宣传店铺、商品促销的目的。这种纸质的宣传单、优惠券就属于 DM 单。"DM"来源于其英文名称的首字母,最早的 DM 单是指"直接邮寄广告",意为"direct mail advertising";还有一种解释是"direct magazine advertising",意为"直投杂志广告"。两者表述的意思相同:DM 单就是有目标性的,针对所选定的对象,将宣传材料直接发放给对方的一种推广用品。

DM 单推广属于面对面推广的一种,DM 单的受众一般为店铺周围的游客和来店消费的顾客。DM 单与传统广告不同,DM 单可以直接将广告信息传送给真正的受众,而其他形式广告只能将广告信息笼统地传递给所有受众,而不管受众是否是广告信息的真正受众。所以 DM 单能最大限度地使受众接收信息,相比之下宣传性价比较高。与传统的广告宣传相比,DM 单有很多优势。首先,减少了宣传费用支出,DM 单直接联系商家与客户,有的放矢,减少了中间的广告运营商环节,对于运营投入较少的小型广告主来讲非常适用。其次,DM 单比传统广告的存在时间长,DM 单通常是以纸质形式发放给目标受众,这是对目标受众有用的信息,受众在丢弃之前会反复翻阅,增加了广告投放的效果。另外,DM 单具有较强的灵活性,DM 单的广告主可以根据自身具体情况来任意选择版面大小、自行确定广告信息的长短、选择全色或单色的印刷形式,可以利用自有办公设备轻易地设计制作出 DM 单,可以自主选择广告时间、区域,灵活性大。

DM 单宣传还有很多隐性的优点。首先,具有可测定性。广告主在发出直接邮寄广告之后,可以借助产品销售数量的增减变化情况及变化幅度来了解广告信息发出之后产生的效果。这一优势超过了其他广告方式。其次,具有隐蔽性。DM 广告是一种深入的非轰动性广告,不易引起竞争对手的察觉和重视。最后,DM 单的创意、设计及制作比较灵活。DM 单由广告主直接设计,信息表达准确,信息量不产生递减,信息反馈直接,以良好的创意、设计、印刷及诙谐幽默等富有吸引力的语言来吸引目标对象,达到较好的效果。

设计和使用 DM 单时,需注意以下方面。

(1) 必须有优秀的商品来支持 DM 单。假若真实商品与 DM 单宣传的内容相去甚远,会使消费者形成虚假宣传的印象,反而对宣传起到反作用。

(2) 精准选择广告对象,才能做到有的放矢。

(3) DM 单的设计很重要。DM 单不是信息的随意积累与呈现,设计与创意要新颖、抓眼球,主题口号要响亮。语言可诙谐幽默甚至出其不意;充分利用色彩的视觉冲击力,配图要精心选择,挑选与所传递信息有强烈关联的图案,刺激记忆;商家要熟知消费者的心理习性和规律,俗语说攻心为上,巧妙的广告诉求会使 DM 单有事半功倍的效果。设计者的思路要清晰,可采取系列设计,往纵深方向拓展,以积累客户资源。

(4) 印刷要精美。一般选用铜版纸,也可采用新闻纸、普通打印纸、彩页等,彩页大小一般不小于 B5 纸的大小,并且尽量不要有夹页,以防取用时抖落;折叠方法可多样,比如借鉴中国传统折纸艺术,让人耳目一新;印刷粗糙、内容低劣的 DM 单往往会让客户避之不及,对宣传起到反作用。

设计 DM 单时通常需要加上出血位(印刷后期裁切时,由于裁切误差,导致成品内有白边出现,所以一般在印前做文件时,将文件成品外再加一点内容,这就是出血),一般情况下,需要 3~5 mm 出血。另外,为了避免色彩失真,色彩模式要选用 CMYK 模式,不要用 RGB 模式,文字要用单色黑。颜色值不能超过 300%,分辨率要大于 300 dpi,低于这个分辨率印刷的清晰度不够。批量印刷的纸张选取也要注意,纸张厚度通常用克数来体现。比如办公用的复印纸是 70 克,即一大张(一个平方)此类纸张的重量为 70 克。常见的广告宣传单一般有 157 克,纸张类型为铜版纸,不过要注意的是,现在默认的纸张都是非标的,如果需要厚实一点的,那就需要定制足克的(国标纸)。印刷的价格和印刷的数量有关,由于印刷前要制版,所以通常印刷厂会规定起印数量(一般为 500 张),印刷的数量越多,单价就越低。

由于计划用量仅为 200 张,所以小文打算自行设计后,使用办公打印机直接打印,可以大大节约资金。

哪些工具可以用来设计 DM 单呢?专业的作图工具 CorelDRAW、Adobe Photoshop 等都可用于设计制作 DM 单。很多专门用于印刷品设计的网站或软件平台也可使用,例如"设计坞"等,还可以选用"易企秀""MAKA"等平台工具。

小文选用了界面简单、比较容易上手的"MAKA"平台来制作 DM 单。

标准规范

(1) 宣传内容明确,宣传口号响亮,吸引眼球。

(2) 文字、配图精美,画质清晰,配色引人注意。

(3) DM 单大小适用,本任务制作 A4 纸大小的 DM 单。

工作流程

了解需求 → 选择工具 → 设计制作 → 使用维护

一、了解需求

制作 DM 单的目的是宣传推广促销菜品,所以 DM 单上需要呈现菜品信息、突出菜品特点(口号、图片等),另外还需要标明店铺信息,如地址、联系方式、公众号(微店)二维码等。

任务名称	制作促销菜品宣传 DM 单		
餐厅名称	小文餐厅	餐厅地址	文朋路 1 号
联系人	小文	联系方式	13800000001
制作需求	1. 制作促销宣传 DM 单。 2. 菜品名称：香辣蟹、蟹肉煲、太白熟醉蟹、加勒比螃蟹蛋奶酥、蟹肉蒸饺、蟹粉栗子糕、螃蟹粥。 3. 突出展示：香辣蟹、蟹肉煲、太白熟醉蟹、加勒比螃蟹蛋奶酥。 4. 宣传口号：稻熟江村蟹正肥——小文餐厅秋蟹节。 5. 制作要求： （1）突出秋蟹图样。 （2）采用与秋蟹、稻田等相和谐的配色，如金黄、橘黄、火红等。 （3）要体现店铺信息。		
备注	配色及元素选取要结合金秋、秋蟹、稻田等季节特点与美好寓意。		

二、选择工具

（一）设备、工具准备

多媒体网络环境、多媒体电脑（Windows 7 及以上操作系统）。

（二）网站（或手机 APP）准备

打开电脑浏览器，在地址栏输入"MAKA"的网址，打开"MAKA"网站主页（图 1-1-16）。

单击网页右上角的"注册"按钮，选择使用微信注册或手机注册，也可使用 QQ 号码及微博账号等方式注册。根据网站提供的流程完成注册（已注册过的用户跳过"注册"步骤）。

图 1-1-16

注册成功后，单击网页右上角的"登录/注册"按钮，进行登录或注册后，即可看到"MAKA"主界面。

三、设计制作

页面左侧展示了"MAKA"提供的各种功能分类如 H5、海报、视频、办公印刷、GIF 动图等。

可见"MAKA"是一个功能种类比较齐全的宣传工具平台。

打开"办公印刷"大类，页面展示出不同场景、不同行业所用的办公印刷类模板。这里比较适用的是宣传单、二折页、三折页、优惠券几类模板。该大类中还提供画册、简历、名片、展架等项目，在需要时可以灵活采用。

选择"宣传单"类的场景，即可看到"MAKA"提供的各种模板。从中选择构图和配色比较贴合内容的"简约大气咖啡奶茶宣传DM单"模板来使用（图1-1-17）。

图 1-1-17

点击"立即使用"按钮进入编辑界面。在此小文发现"MAKA"为DM单设置了两个页面（对应DM单的正反面）。在每个页面中，都设置了一些文字、图片等元素供参考使用。页面边界处的虚线框对应印刷中的出血位，也对编辑者起到页面边框位置的提示作用。界面左侧有"文本""素材""背景"等元素选项，界面右侧是关于当前正在编辑的元素的参数面板，如同一个小型的制图软件（图1-1-18）。

图 1-1-18

先编辑第一页。将原LOGO图片及其他咖啡类图片删除,替换成小文餐厅的二维码和螃蟹图片,螃蟹图片事先用图片处理工具调整为边缘模糊,以达到与背景及其他图片融合的效果,调整图片的大小和位置,设置文本并调整大小。在此过程中,注意图层之间的前后关系,设置图层顺序以达到想要的遮挡效果(图1-1-19)。

之后编辑第二页,将图片进行替换,并将菜单内容根据需要进行设置。

在"MAKA"上对图片及文本框进行编辑操作的方法与Office系列软件的操作相似,"MAKA"平台是将它们作为一个个元素单独处理的,图片缩放、字体字号设置等操作也都一致。"MAKA"平台对图层的处理与常用图片处理软件一致。总的来说,"MAKA"平台比较容易上手操作。

图 1-1-19

在编辑过程中,如果需要使用某些字体或其他元素,需要具有VIP资格(付费使用),去除水印也需要具备会员资格(付费使用)。

四、使用维护

编辑完成后,单击页面右上角的"下载/分享"即可下载该DM宣传单。之后进行打印,在餐厅附近发放,并在餐厅前台和迎宾处进行展示发放即可。

▶ 效果展示

DM单效果展示请扫二维码。

▶ 评价检测

DM 单效果展示

DM 单设计任务评价表

评价内容	评价要求	评价指标
内容要求	1.宣传内容明确,宣传口号响亮,设计内容吸引眼球。	□不合格□合格□优秀
	2.文字、配图精美,画质清晰,配色引人注意。	□不合格□合格□优秀
	3.DM单大小适用,本任务制作A4纸大小的DM单。	□不合格□合格□优秀

在实际工作中,可以根据一段时间的菜品销量和对顾客的点对点访问,判断DM单宣传在本次菜品促销推荐中起到的作用。

任务二 制作台签

知识链接

什么是台签

台签，又称台卡、桌牌、桌卡、菜卡等，是指布置在桌台上，用于展示特色菜品或主打菜品的卡片。台签支架可由木头、塑料、亚克力、玻璃等各种材料制成，台签中展示的菜品信息可根据需求进行不定期更新。

台签存放在餐馆各个餐桌上，用于向客人展示菜单信息（通常是推荐菜或特色菜和酒水信息）的宣传单。由于台签是放在餐桌上的，通常情况下尺寸不会很大，一般小于A4纸大小。

台签可看作微型菜单，它与整本菜单相比具有体积小、内容少等特点；与宣传推广类 DM 单相比，台签应该重在菜品信息呈现而非宣传推广口号等信息上。在进行台签设计制作时需把握以下要点。

1. 台签符合视觉设计原则 台签具有典型的广告特征。为了使来去匆忙的人们留下视觉印象，台签的设计要以突出的商标、标志、标题、图形，或对比强烈的色彩，或空白设计，或简练的风格使台签成为视觉焦点。

2. 台签符合色彩设计原则 人的视觉对色彩最敏感。台签页面的色彩处理得好，可以锦上添花，达到事半功倍的效果。总的色彩应用原则应该是"总体协调、局部对比"，也就是台签页面的整体色彩效果应该是和谐的。

3. 台签符合宣传设计原则 就宣传效果而言，台签的图片和文字都至关重要。图片以具有艺术表现力的摄影图片、造型写实的绘画图片为主，辅以恰当的文字描述，如营养知识、口味介绍等，能提高消费者的消费意愿。

标准规范

（1）内容信息清晰，文字、配图精美，画质清晰。
（2）布局设计美观。
（3）尺寸大小与台签物料匹配。

工作流程

了解需求 → 选择工具 → 设计制作 → 使用维护

一、了解需求

制作台签的目的是在餐桌宣传推广促销菜品并方便顾客点餐时查看。台签的最大作用是直观呈现菜品信息。

任务名称	制作促销菜品台签		
餐厅名称	小文餐厅	订餐电话	13800000001
制作需求	1. 列出主打菜品及饮品，信息清晰。 2. 突出展示：香辣蟹、蟹肉煲、太白熟醉蟹、加勒比螃蟹蛋奶酥。 3. 设计尺寸大小与台签物料匹配。		
备注			

二、选择工具

制作台签的工具有很多种，如比较专业的电脑制图工具 Adobe Photoshop，也可用 Microsoft Office Word，还有比较方便、易上手的手机 APP 美图秀秀、Snapseed 等。

除了以上专门用于制图的软件，另外还有一些网站平台专门用于数字化营销服务，如"易企秀""MAKA""创客贴"等。这类平台可提供 H5 创景、台签图片、营销长页、问卷表单、互动抽奖小游戏和特效视频等各式内容的在线制作，且支持 PC 端、APP 端、小程序端、WAP 端等多端使用，用户可以根据自己的需要自由选择进行创意制作，并快速分享到社交媒体开展营销。由于其提供大量模板且操作简便，受到越来越多用户的欢迎。

小文选用界面简单易上手、方便图片导出及打印的工具"创客贴"来设计制作台签。

（一）设备、工具准备

多媒体网络环境、多媒体电脑（Windows 7 及以上操作系统）。

（二）网站（或手机 APP）准备

打开电脑浏览器，在地址栏输入"创客贴"的网址打开"创客贴"网站主页。

单击网页右上角的"注册"按钮，根据网站提供的流程完成注册（已注册过的用户跳过"注册"步骤）。

注册或登录成功后，即可进入"创客贴"主界面。

三、设计制作

"创客贴"提供了各种创建设计，如营销海报、印刷物料、办公文档、电商设计等。可见"创客贴"是一个融合了商业需要、办公需求的综合性的工具平台。

"创客贴"的"印刷物料"大类下提供了宣传单、宣传海报、展架、易拉宝、折页、不干胶、手提袋等具体分类，选择要用的"菜单/价目表"，即可见餐厅常用菜单模板（图 1-1-20、图 1-1-21）。

选择与制作需求匹配度较高的模板使用（模板名称并不重要，因为模板只给用户提供了构图及配色方案等，在使用过程中用户可以根据需要进行修改和调整）。这里选择"砂锅拌饭"模板。

编辑界面左侧为模板、素材、文字、背景等功能选项，中间为编辑区。

进行素材导入，并将相关元素进行替换、修改和调整，在编辑调整过程中，可通过界面左上角"文件"菜单中的"保存"选项对编辑状态进行保存。

修改前后的效果如图 1-1-22 所示。

效果满意后，即可对图片进行导出操作，方法如下：单击右上角的"立即印刷"按钮右侧的下

餐饮创业必备信息技术素养

图 1-1-20

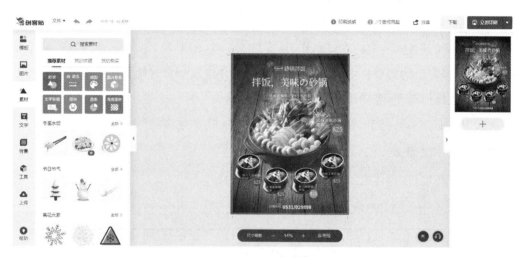

图 1-1-21

砂锅拌饭美食菜单

图 1-1-22

拉箭头,在出现的界面中可选择导出图片的形式,同样的方式进行台签背面页的修改和调整,调整前后的效果呈现如图 1-1-23 所示。

图 1-1-23

四、使用维护

制作完成后,即可根据情况对台签进行打印使用。

效果展示

台签效果展示请扫二维码。

台签效果展示

评价检测

台签设计任务评价表

评价内容	评价要求	评价指标
内容要求	1.内容信息明确,文字、配图精美,画质清晰,配色引人注意。	□不合格□合格□优秀
	2.布局设计美观。	□不合格□合格□优秀
	3.台签尺寸大小与台签物料匹配。	□不合格□合格□优秀

在实际工作中,根据一段时间的菜品销量和对顾客的点对点访问,判断台签在本次促销菜品推荐中起到的作用。

延伸学习

一、台签相关知识

(一)布局美观

台签上的菜式排列会直接影响它们的销售量,所以应该按照菜品的重要程度呈现。

通常遵循人们阅读的顺序按"从左到右、从上到下"排列,人们的视线会首先落在台签上端的大标题上,之后的第一焦点在菜单的中上部,然后依次向右、向下排列。

另外,台签一般是双面的,所以它的背面设计通常也要符合以上原则。一般来讲,背面是展示特价菜品(也有饮品、酒水)的重要位置。

台签长期存在于桌面上,顾客会在用餐过程中有意或无意地看它,所以台签的美感比较重要,常见的台签设计版式有如下几种。

1. 分割型排版 分割型排版主要分为上下型和左右型两种。图片的主体大多数情况下是文字和图片,图片和文字分别呈现,形成鲜明的对比,显得简洁大方。分割型排版具有极大的优势,即内容独立明确、清晰直观。在设计台签的时候,通常情况下上下分割显得更加自然,但尽量不出现明显的分割线,以免出现分离感。

2. 倾斜型排版 在设计台签的时候,可使整个版面产生一定倾斜,比如说将主体倾斜,是非常简单有趣的一种方式,这种方式显得有动感,更容易吸引注意力。倾斜型排版的优势就是可以让画面更有活力,有意想不到的效果。

3. 中轴型排版 在设计台签的时候,中轴型排版就是利用中轴对称的方式,将台签对称处理,这样台签设计从整体上看就比较规整、简洁,而且画面也会比较有平衡感。中轴型排版的优势是画面看起来更具有冲击力,而且不会显得杂乱。

4. 满版型排版 在设计台签的过程中,选择满版型排版,主要是将图片铺满整个版面,在图片上进行文字、图形等创意。这样的排版其实相对来说比较简单,而且画面感比较强,具有极强的代入感。满版型排版的优势是看起来更加大方、舒展,视觉冲击力强。

(二)使用合适的图片

台签的尺寸通常不大,呈现内容有限,所以餐厅台签必须使用颜色鲜亮能充分展示美味的图片。

一个专业的摄影师可以拍出菜单需要的理想图片。如果想在菜单上使用食物图片,选用一两张极具特色的菜肴图片即可,不必全部展示。

选择用图库图片设计菜单要十分小心,菜单上展示的食物图片需要与实际提供的菜式一致,否则需要特殊说明。

还有一些替代食物照片的选择,如餐厅的照片。这些丰富的视觉资料替代食物照片出现在菜单上也是一种不错的选择。

(三)使用粗体字

在台签上合理使用粗体字可以吸引顾客的注意力。

字体作为菜单设计的一部分,合理使用粗体字有助于提高销量,并保持良好的可读性。

粗体字可以作为艺术创作的主要元素。把标志设计融合到菜单设计中,或者选择比较好的字体运用到菜单设计中。请记住,因为顾客会通过阅读文字来选择菜品,所以排版时字体的选择要在合理范围内。

设计时可以将餐厅的特色菜肴或者畅销菜品用粗体字着重标出,使顾客首先注意到菜单上的一些特别菜式。

（四）用图标提醒

使用图标可节省空间，表示某种形式的信息或一些标准性的信息，如素食主义标志、无谷蛋白标志等，或者也可以表示菜的辣味或香味。创建一系列的特殊元素图标，这些元素图标不仅可以节省菜单空间，还可以变成一个个可视化提醒。

比如：使用不同数目的辣椒图标来表示辛辣程度。

（五）价格要有吸引力

设计菜单的其中一个秘诀就是价格要有吸引力。很多餐厅总是担心顾客细看菜单，然后只点最便宜的菜品。

以下是避免这种情况的五种方法。

（1）不要在菜单上使用"￥"符号。

（2）不要将价格垂直对齐或者水平对齐排列。

（3）使用非传统的定价方式，小数点后考虑使用一位数来取代两位数（如 10.5 代替 10.50）。

（4）价格部分选择合适的颜色和排版方式。例如，如果菜单的字体是黑色，考虑使用灰色作为价格的字体颜色，这样就能弱化视觉冲击力。

（5）不要用从高到低或者从低到高的价格顺序来排列菜品。

（六）提高色彩辨识度

大胆明亮的颜色是首选。选择符合整体品牌和风格的色彩，然后考虑色彩的意义。例如，红色被认为能刺激食欲，绿色通常与健康相关，蓝色被认为能抑制食欲。一般情况下，大胆明亮的颜色是首选，但颜色选择还是得取决于餐厅的类型。

（七）菜单内容分类

菜单上内容丰富，放在一起看起来杂乱。所以应将它们组织起来，使用规则的线框让菜单显得容量更大，让类似的内容在一个菜单里。

这些线框的设计应根据顾客的需求来表示，通常的分类是开胃菜、主菜、甜品和饮料。有些餐馆可能用荤菜与素菜或特定的食品类型来分组。只要分组是有关联的，规则的线框设计是非常有用的。

（八）字体展示风格

字体决定餐馆的基调。字体是菜单的核心（这就是为什么我们有两个建议都与字体有关）。选择的字体和样式将会决定餐馆的基调。

（1）宋体字：方正稳重，秀丽清晰，阅读醒目。

（2）黑体字：独具一格，给人一种粗实有力、严肃庄严、朴素大方的感觉。

（3）楷体字：笔画圆润，字体娟秀，典雅的感觉。

（4）隶体字：古朴、蚕头雁尾，有柔软和连续不断之美。

（5）魏碑体字：苍劲有力，笔画粗实，给人实在之感。

（6）舒体字：比较活泼，且具有较大的灵活性、随意性。

（7）颜体字：具有筋骨粗壮、庄严之美。

（九）重要的文案

描述性或趣味性的文案能使顾客更好地了解菜品，替服务员节省时间，甚至能增添点单过程中的乐趣。菜品文案的撰写既要动人、有吸引力，同时也要简短扼要。

所有文案的基调要符合餐厅定位。如果是个小餐厅，文案用词不如俏皮一些，但若是上档次的餐厅应使用更加正式的行文风格。

撰写文案时应同时考虑多方面的问题。要将常见的或潜在的风险写进去，例如注明坚果名称（相关过敏人群禁食）等，或者标明某项菜品极其辛辣。

二、与印刷有关的分辨率知识

图片设计软件制作印刷品时所需要用到的两种分辨率：扫描分辨率和印刷分辨率。

（一）扫描分辨率

扫描分辨率是指在扫描一幅图像之前所设定的分辨率，它将影响所生成的图像文件的质量和使用性能，它决定图像将以何种方式显示或打印。

网页采用的扫描分辨率为72 dpi，当为网页缩放图像尺寸时，最好用像素工作。

报纸采用的扫描分辨率为125～170 dpi，针对印刷品图像，设置分辨率为网线（lpi）的1.5到2倍。报纸印刷用85 lpi。

杂志、宣传品采用的扫描分辨率为300 dpi，因为杂志印刷用133 lpi或150 lpi。

高品质书籍采用的扫描分辨率为350～400 dpi，大多数印刷精美的书籍印刷时用175～200 lpi。

宽幅面打印采用的扫描分辨率为75～150 dpi，对于远看的大幅面图像（如台签），相对较低的分辨率可接受，其程度主要取决于看的距离。

（二）印刷分辨率

在Adobe Photoshop里制做印刷品，分辨率有特别的要求，高分辨率的图像比相同大小的低分辨率的图像包含的像素多，图像信息也较多，表现的细节更清楚，这也就是考虑输出因素确定图像分辨率的一个原因。

由于图像的用途不一，因此应根据图像用途来确定分辨率。一般印刷分辨率要300像素/英寸，写真72～150像素/英寸；喷绘20～72像素/英寸。图像分辨率设定应恰当：若分辨率太高的话，运行速度慢，占用的磁盘空间大，不符合高效原则；若分辨率太低的话，影响图像细节的表达，不符合高质量原则。

三、餐厅宣传设计注意事项

在为餐饮宣传推广进行设计时应注意的因素如下。

（1）没有明确品类或者品类信息很模糊，是一个很大致命伤，不利于品牌影响力的扩张。

（2）有些人认为采用生僻字、繁体字或者复杂的字体设计能让自己的品牌与众不同，抓住消费者的猎奇心理，但是，餐厅宣传设计不像是自媒体标题越抓人眼球越好。首先要易于传播，顾客想分享给自己的朋友的时候，能快速想起店名，能快速在手机上打出这几个字来，太麻烦的也就被顾客过滤掉了!

（3）招牌上内容太多，主次不分，这同样不利于品牌传播。顾客从门店前面路过的时候，留给他判断的时间很少，所以要珍惜这短短的曝光时间，及时将有效的信息传递给顾客，让他快速决断，当顾客在选择门店消费的时候，多一秒犹豫都可能造成大概率的流失。

（4）宣传设计和菜品风格搭配，在色调、用料、品牌元素、设计风格等细节上，不能在设计上出现冲突，即使是独特夸张的造型，也要注意与整店设计的过渡衔接，这样就不会给人一种突兀的感觉。

（5）在有限的空间内，各个部分一定要合理充分地利用起来，将菜品及餐厅文化等信息尽可能多地传达给顾客，以便给顾客留下更为深刻的印象。

拓展训练

拓展任务：学习并制作餐厅宣传的易拉宝

除 DM 单和台签外，餐厅还经常使用易拉宝等方式进行店面宣传推广。

易拉宝也称海报架、展示架，广告行业内也叫易拉架、易拉得、易拉卷等，是一种竖立式宣传海报。易拉宝架的主要材料是塑料或铝合金，海报材质为写真纸，其造型简单、造价便宜、轻巧易携带、安装拆卸方便，常用于店面推广、会议展览、销售宣传等室内场所及活动。易拉宝常见的尺寸有 0.8 m×2 m、0.6 m×1.6 m 等，也可根据需求定做（图 1-1-24）。

图 1-1-24

小文决定在餐厅迎宾处摆放本季主打菜品的易拉宝，用于宣传推广。易拉宝需突出显示菜品主题，重点展示菜品图片，对顾客进行视觉刺激以促进消费。除此之外，还需展示餐厅公众号二维码以便扩大餐厅会员人数。

"创客贴"网站提供了非常简便的易拉宝设计制作方式，操作步骤如下。

（1）打开"创客贴"网站主页并登录。

（2）在应用的导航栏中找到"模板中心"。

(3) 在"模板中心"下,找到"印刷物料"(图1-1-25)。

(4) 在此选择"1.8 m展架"或"2 m易拉宝"。展架和易拉宝的设计模板及使用方式大同小异,只是尺寸略有差异。

(5) 选择合适的模板样式(图1-1-26)。

图 1-1-25

图 1-1-26

(6) 单击模板,即可进入制作界面,界面左侧可上传素材,对模板中的元素进行更改(图1-1-27)。

(7) 更改前后效果如图1-1-28。可根据需求定制印刷,也可暂时保留图片以备后用。

图 1-1-27

图 1-1-28

专题二

餐厅营销宣传

项目一 扫码点餐促销

▶ 情境故事

小文餐厅各项准备工作陆续完成,开业在即。在模拟运行时发现了一个问题:大多数餐厅都提供扫码点餐的服务,扫码点餐的方式可以让顾客快捷地获取菜品信息,同时也能了解餐厅的促销活动。那么,如何将餐厅促销活动与扫码点餐相结合?

▶ 项目描述

选用某一网络平台或工具,设置扫码点餐系统,尽量实现与厨房系统的连接,实现在线支付,以便达到节省人工、提高效率的目的。

▶ 能力目标

(1) 了解什么是扫码点餐系统。
(2) 学会扫码点餐系统的设计。
(3) 分析扫码点餐系统如何与后厨连接、如何与支付系统连接。

▶ 项目图解

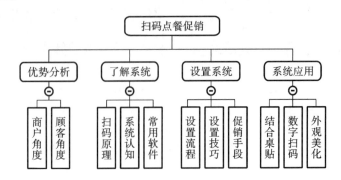

▶ 项目实施

为什么要采用扫码点餐呢？

从商户角度来讲，扫码点餐可以有效地为餐厅节省人力成本，提高餐厅翻台率，从而提高餐厅经营效益。随着餐厅综合运营成本的增加，除去房租、水电、原材料等必不可少的成本外，减少人力成本成为餐饮行业盈利的关键。商家只需采用一套扫码点餐系统并为每张餐桌提供一个点餐二维码即可。虽然使用扫码点餐系统需要投入一定的费用，但却大大节约了人力成本。顾客下单的菜品信息可以直接显示在后厨显示系统中，厨师直接根据顾客需求进行菜品烹制，减少了服务员报送菜单的环节；菜品信息也可以直接传送到餐厅前台，方便餐厅掌握顾客需求。减少了餐厅对顾客需求的响应时长。

如果能充分利用信息技术手段参与餐厅运营，方便地进行大数据统计分析，能使经营者如虎添翼。

扫码点餐还有一个重要的作用，即能够有效减少宣传成本。在点餐系统中加入特价、折扣、满减等活动信息，刺激消费者的消费欲望，提高利润。

从顾客角度来讲，自古以来"民以食为天"，餐饮业长期以来位居服务行业的龙头地位。如今的餐饮市场日趋饱和，竞争加剧；消费者的需求也不再局限于解决温饱问题，而是更加追求消费体验，不仅对就餐环境、菜品质量的要求越来越高，而且对餐厅服务提出了更高的要求。

扫码点餐系统可以提高顾客点餐用餐效率。顾客可以通过点餐系统快速直观地获取菜品信息，了解促销活动，并可直接自助下单，还可通过该系统进行加菜、呼叫服务等。

除此之外，餐厅还能节约印制菜谱的支出。传统菜谱的印刷费用相对较高，重要的是一年更换几次，年年如此。按 300 元一本，10 本起，一次就是 3000 元，一年更新 2 次就是 6000 元，扫码点餐系统的菜谱全部都是电子化的，可以根据需要常换常新，无额外费用支出，充分体现了信息技术的便捷、高效。

大多数的扫码点餐系统还提供外卖功能，将"堂食"和"外卖"整合到一个平台上，避免了以前借助不同的第三方平台带来的烦琐操作。

知识链接

扫 码 点 餐

扫码点餐是用微信自带的"扫一扫"工具或其他二维码扫描工具扫描餐厅的二维码从而进行点餐，是"互联网＋餐饮"潮流的产物。

目前二维码支付已经在我国各行各业（尤其是服务零售业）有了非常广泛地应用。2016年8月3日，中国支付清算协会向支付机构下发《条码支付业务规范》（征求意见稿），意见稿中明确指出支付机构开展条码业务需要遵循的安全标准。

任务 扫码点餐促销的实现

扫码点餐系统可实现提高服务质量、提高店内工作效率,还能结合餐厅促销活动达到稳定客源、增加顾客、降低综合运营成本的作用。小文要设置扫码点餐系统,实现点餐与宣传活动、厨房系统、账单支付的互联,以便达到节省人工、提高效率的目的。

▶ 标准规范

(1) 搜索并对比不同软件,确定适合的软件。
(2) 根据需求完成扫码点餐系统的设置。
(3) 根据促销手段进行正确的系统设置。
(4) 点餐系统运行正常。

▶ 工作流程

了解需求 → 选择工具 → 设置扫码点餐系统 → 运行维护

一、了解需求

为优化点餐流程,小文计划为餐厅设置扫码点餐系统,餐厅每张餐台上都可放置二维码图片供顾客扫描点餐,每位顾客都可以通过各自手机共同浏览该餐厅菜品图片,一起参与点餐下单,下单后服务员收到订单,同顾客确认后发送到厨房,避免错单、漏单,中途顾客可任意加菜,餐毕可以通过系统结账。这样不仅能增加点餐的乐趣,还提高了点餐效率。

任务要求如下:

任务名称	设置餐厅扫码点餐系统		
餐厅名称	小文餐厅	联系人及联系方式	小文:13800000001
客户需求	1. 设置扫码点餐系统。 2. 为每张餐桌设置单独的点餐二维码。 3. 在点餐系统中将菜品呈现给顾客。 4. 设置与点餐系统关联的收款系统(需营业执照及微信授权)。		
备注			

二、选择工具

目前常见的扫码点餐系统有"客如云""旗鱼""飞鸽点餐""恋厅"等,它们都具备扫码点餐的基本功能,但在软硬件需求上大同小异,功能上和收费上也略有不同。餐厅可根据实际情况采用不同的系统,常见软件平台及其特点如下。

(一)"二维火"

"二维火"是比较老牌的点餐系统,需要购买其硬件设备才能使用。购买硬件设备之后,最基本的点餐功能是不收取费用的,其他所有功能均按照模块来收费。从收费方式来看,"二维火"支持手机支付,但微信、支付宝会抽成。"二维火"有后厨显示系统(kds),但只支持安卓系统。服员端只能点菜和收银,没有任务分配功能。因为是按照功能模块收费,使用的模块越多功能越高级,价格也越高。

"二维火"的优点是功能比较全面。缺点是需要硬件设备,各种硬件软件套餐太复杂。

（二）"餐婆婆"

"餐婆婆"是一款简单易用的微信扫码点餐系统。顾客用手机扫一扫,马上就能点餐/订外卖/报餐。"餐婆婆"同时也是服务员的点菜宝,服务员可以通过手机直接开台/点菜/下单/收银,它还可作为餐厅老板的小秘书,帮助老板进行数据统计、进货提醒等。

"餐婆婆"的优点有:界面清晰直观,响应速度快;服务价格优惠(不抽成,不分润,依据餐厅容量大小缴纳月租即可);使用界面对商家及顾客都比较友好,顾客、服务员、管理者共用,系统会自动根据角色显示不同的内容。不仅手机上可以用,台式电脑、平板电脑也可以用,能用微信就能用"餐婆婆"。

缺点:平台较新,规模较小,尚无大型餐饮企业合作采用。

（三）"客如云"

"客如云"也是老牌的点餐系统,同样是以硬件设备为主,而且比"二维火"更着重于硬件设备。比如其后厨显示系统只能在自己的设备上运行。服务员端支持点餐和收银,没有任务分配功能。收费方面,硬件设备一次性收费,软件部分按月租收费。

"客如云"的优点是硬件设备优良,适合喜欢使用设备而且不差钱的餐厅。缺点是需要一次性投入大量资金购买设备,还要承担设备安装维修等费用;不够灵活,而且对手机应用支持不足。

（四）"旗鱼"

"旗鱼"点餐也是需要硬件设备的,其硬件设备是一个点餐收银的手持一体机,有点类似"客如云"的服务员终端。不支持后厨显示系统,只能打印小票。"旗鱼"主要宣传节省人力,但没有后厨显示系统和服务员任务分配,在节省人力方面和其他产品相比并没有出众之处。"旗鱼"硬件设备费用一次性交付,软件费用按月租收取。软件方面"旗鱼"还提供一个小程序,不过费用较高。

"旗鱼"整体上来说中规中矩,缺点是没有后厨显示系统。

（五）"飞鸽点餐"

"飞鸽点餐"不需要硬件设备,支持安卓系统和 iOS 系统,官网可以直接下载,能免费试用一段时间,还有视频教程。支持后厨显示系统,支持服务员端点餐,接收用户呼叫以及任务分配。收费方面采用按量付费,类似于支付宝的抽成,费率为千分之一,所有功能模块均可使用,不再单独收费。

"飞鸽点餐"的特点:按量收费,比较放心;另外有服务员任务分配功能,服务员看看手机就知道下一步该干什么了,确实能提高效率,降低成本。

（六）"恋厅"

"恋厅"是新兴的餐饮管理系统,它拥有六大核心功能:扫码点餐、排队叫号、在线预订、微信外卖、后厨打印、餐饮收银。总的来看"恋厅"几乎能满足当今餐饮经营的所有要求。

"恋厅"扫码点餐可以将顾客点菜、加菜、减菜这些信息都同步到服务员和厨师的手机上,不用打小票也不用服务员来回传递信息;遇到店里人多、一时没有座位,顾客就可以通过扫码在线排队,能实时知道自己要等多久,更好地安排自己的时间;"恋厅"提供免费版本试用,方便店家参考选择。

三、设置扫码点餐系统

选用一种平台工具进行扫码点餐系统的设置,在此小文选用了"餐婆婆"平台。选用该平台的原因有二:一是该平台提供免费试用1个月,商家可以模拟开店、下订单、进行后台数据统计等,让商家从经营者角度和顾客角度充分体验该扫码点餐系统;二是充分考虑了平台使用的费用问题,该平台采用月租方式,不抽成、不分利润,商家的成本支出相对较小。

网络搜索并打开"餐婆婆"主页,微信扫二维码访问餐婆婆公众号并关注(也可直接搜索微信公众号"餐婆婆"并关注)。

点击公众号推送的超链接"欢迎使用餐婆婆(点击开始)"进入"餐婆婆"扫码点餐系统的设置界面。

(一)创建餐厅

关注"餐婆婆"公众号,绑定手机,选择一个版本(小型店)点击免费试用,按提示创建餐厅。

(二)添加菜品

在"菜品管理"中点击添加分类,创建菜品分类,添加该分类下的菜品(可按热菜、冷菜、面点、酒水等大类分别添加)(图1-2-1)。

图 1-2-1

(三)促销设置

顾客在点餐时,往往会受优惠促销活动的吸引,在点餐时会下意识地为满足优惠活动选择菜品,从而刺激消费,提高消费金额,为商家带来利润。

通常餐厅的促销活动有总额折扣、满赠活动、满减活动、特价活动、套餐活动等形式。商家要根据实际情况灵活运用各种促销形式,满足顾客心理,提高营业额。

小文餐厅推出了"开业酬宾,满减活动",满减的规则是消费满98元减18元,酒水不参与。

"餐婆婆"点餐系统提供三种促销方式,分别是百分比折扣、满减优惠、分类折扣(图1-2-2)。

图 1-2-2

小文根据需求,选择了第二项"满减优惠"。

设置方法如下。

(1)点击"高级设置"—"优惠设置"—"添加优惠",进入"添加优惠"页面。

(2)输入促销活动名称:"开业满98元减18元"。

(3)在"满多少"项中输入"98",在"减多少"项中输入"18"。

(4)由于酒水不参与活动,选择"部分菜品",并勾选除酒水外的其他菜品。

(5)选择"顾客下单时自动使用该优惠"。

(6)保存设置。

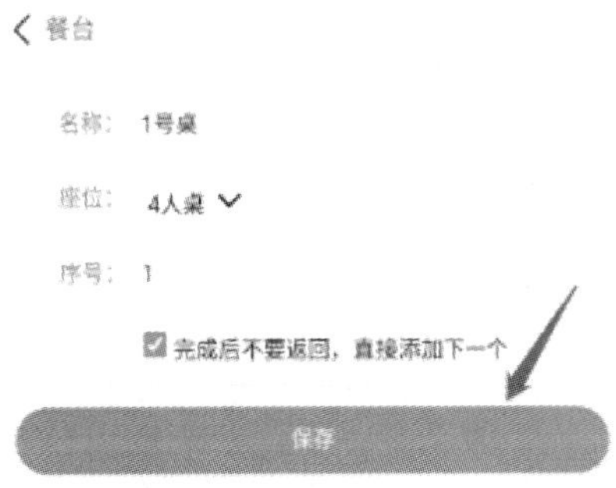

(四)添加桌台

在"桌台管理"中点击添加区域,创建桌台区域和序号(可添加多个区域的多个桌台)(图1-2-3)。

图 1-2-3

(五)扫码点餐

在"高级设置"中进行扫码设置(在此下载二维码桌贴,以备使用),打开餐厅菜单,选择菜品并测试是否可以进行下单操作(图1-2-4)。

试用状态,目前可以暂不进行打印设置,也不进行微信付款设置。

图 1-2-4

如果想让整个点餐流程更简洁流畅，可以在"高级设置"—"打印设置"中连接云打印机，将顾客点餐情况直接传输到后厨，以便厨师准备菜品。

（六）调试完善

试扫码，查看并核对菜品及桌台设置效果。通过"营业统计"进行每日订单统计、菜品统计、收款统计、餐台统计等，可以使用这些数据进行餐厅经营状况的大数据分析，以便指导后续经营（图 1-2-5）。

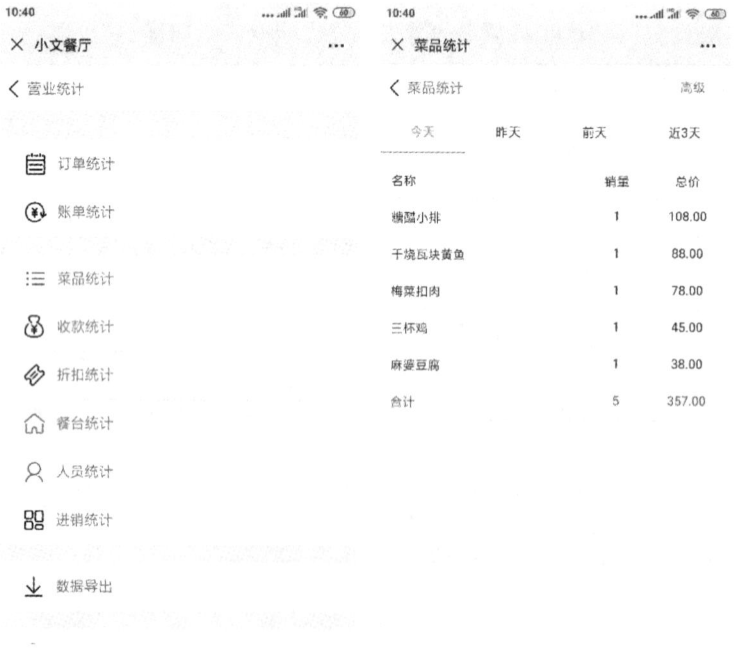

图 1-2-5

四、运行维护

可以将二维码发布到网络,进行远程点餐,也可以将二维码桌贴打印出来,放置在对应的餐桌上。

▶ 效果展示

二维码桌贴及顾客下单效果展示请扫码。

二维码桌贴及顾客下单效果

▶ 评价检测

点餐促销设置任务评价表

评价内容	评 价 要 求	评 价 指 标
内容要求	1.能搜索并对比不同软件,确定适合的软件。	□不合格□合格□优秀
	2.能根据需求完成扫码点餐系统的设置。	□不合格□合格□优秀
	3.能根据促销手段进行正确的系统设置。	□不合格□合格□优秀
	4.点餐系统运行正常。	□不合格□合格□优秀

在实际工作中,根据实际情况,可增加扫码点餐、催餐、加菜等设置,并测试后厨的云打印效果,进行至少为期一周的试运行,之后进行数据统计汇总。

▶ 延伸学习

一、什么是二维码

二维码又称二维条码,常见的二维码为 QR Code,QR 全称为 quick response,是近年来移动设备上非常流行的一种编码方式,它比传统的 Bar Code 条形码能存储更多的信息,也能表示更多的数据类型。

二维码在各行各业,尤其是商业上的应用越来越广泛,例如淘宝/微信二维码(同一个二维码,用微信扫描的用户进入微店,用淘宝或支付宝扫描的用户进入淘宝商店,用抖音扫描的用户进入抖音),应用商店二维码(同一个二维码,用安卓手机扫描的用户进入安卓手机应用商店、用 iPhone 扫描的用户进入 App Store 进行软件下载)等。

二维码具备以下功能:

①信息获取(名片、地图、Wi-Fi 密码、资料);

②网站跳转(跳转到微博、手机网站等);

③广告推送(用户扫码,直接浏览商家推送的视频、音频广告);

④手机电商(用户扫码,手机直接购物下单);

⑤防伪溯源(用户扫码即可查看生产地;同时后台可以获取最终消费地);

⑥优惠促销(用户扫码,下载电子优惠券,抽奖);

⑦会员管理(用户手机上获取电子会员信息、VIP 服务);

⑧手机支付(扫描商品二维码,通过银行或第三方支付提供的手机端通道完成支付);

⑨账号登录(扫描二维码进行各个网站或软件的登录)。

尽管二维码应用日趋广泛，但发展还远远不够。制约因素除了运营商的支持度外，还有技术、终端适配、盈利模式等方面。尽管有些人不看好二维码的应用，但不可否认，只要培养了足够多的用户群，再结合良好的商业模式，二维码将成为连接现实与虚拟较得力的工具之一。

二、二维码的安全问题

中国互联网络信息中心2020年发布《中国互联网络发展状况统计报告》显示，截至2020年3月，我国手机网民规模达9.04亿。移动互联网用户基本等同于二维码个人用户，这意味着我国二维码个人用户数量巨大。

专家表示，二维码用肉眼无法区分，加之公众对于二维码普遍缺乏安全防范意识，近期涉及二维码的安全事件逐渐增多，未来二维码可能成为个人信息安全和通信诈骗新的高发区。

例如，部分城市居民区里出现了不法分子张贴的伪造交水电费的二维码通知单，大街上出现了车辆被贴假二维码交通罚单、伪造共享单车二维码等现象，有群众扫码后上当受骗。

此外，多地还发生了消费者扫商家二维码泄露个人隐私信息或遭到微信盗号等事件。更有甚者，在网购退货时，有网友被人诱导通过支付宝扫二维码等形式骗走近十几万元。

据警方介绍，扫描二维码有时候会刷出一条链接，提示下载软件，而有的软件可能藏有病毒。其中一部分病毒下载安装后会对手机、平板电脑造成影响；还有部分木马病毒则伪装成应用软件，一旦下载就会导致手机自动发送信息并扣取大量话费。对此，网络专家认为，利用二维码骗取手机话费是完全可行的，二维码本身不会携带病毒，但很多病毒软件可以利用二维码下载。因此，一定要认真阅读手机给出的安装提示。不要为了图方便就一直点击"确认"。

有相关专家提醒群众提高防范意识，扫描前先判断二维码发布来源是否权威可信，一般来说，正规的报纸杂志，以及知名商场的海报上提供的二维码是安全的，网站上发布的不知来源的二维码需要引起警惕。应该选用专业的加入了监测功能的扫码工具，扫到可疑网址时，会有安全提醒。如果通过二维码来安装软件，安装好以后，最好先用杀毒软件扫描一遍再打开。

网络专家提示，手机扫二维码要谨慎，对于陌生人推荐的二维码，或者不熟悉来历的二维码，需要提高警惕，谨慎扫码。

▶ 拓展训练

拓展任务：制作、美化二维码

——结合自身餐厅风格的特点，为点餐系统设计风格统一的静态和动态二维码

目前大多数软件及平台都内嵌了二维码生成系统，例如我们在使用"问卷星"设计一个调查问卷或用"易企秀"平台设计制作一个H5之后，系统会自动生成对应的二维码，用户只需扫码即可参与问卷答题或浏览H5页面。

网络上也有专门生成二维码的二维码生成器。目前网络上的二维码生成器非常多，常见的有"二维斑马""草料二维码"等。可以是指向文件的二维码（PDF、Word、Excel、JPEG等格式的文件均可），可以是超链接二维码（指向一个网页）。除了静态二维码，还可以生成动态二维码，并将其放在公众号等网络平台中，以引起更多人关注。

二维码生成后，可以进行美化。网络上的二维码美化软件平台有"Q码""第九工场"等。

模块一　企业宣传必备信息技术素养

"MAKA""易企秀"等平台也可具备二维码的美化功能。小文决定使用"MAKA"平台美化点餐二维码，操作步骤如下。

（1）打开"MAKA"平台并登录。

（2）选择"新媒体素材"分类下的"方形二维码"场景（图1-2-6）。

图 1-2-6

（3）选择心仪的模板并点击使用。

（4）将二维码进行替换，并根据实际需要对各种元素进行修改。

（5）点击右上角的"保存"按钮对修改结果进行保存。

（6）预览效果，若不再修改则点击"下载"按钮将图片下载到手机或电脑（图1-2-7）。

图 1-2-7

项目二　短视频宣传推广

▶ 情景故事

餐厅刚开始营业不久，小文和小朋发现经营效果不是很理想。怎样才能让餐厅的菜品为大众所了解？怎样才能增加新店的曝光量？怎样才能提高新店人气？这都成为餐厅亟待解决的问题。小文绞尽脑汁，最终，他想到在朋友圈中发布菜品短视频来展示新店的特色菜品、店面环境、优质服务等。在宣传短视频中,以色香味俱全的菜品和厨师精湛的技艺吸引顾客关注并了解餐厅,增加餐厅的曝光量和人气。

▶ 项目描述

制作餐厅特色菜品宣传短视频发至朋友圈,进行餐厅及产品宣传推广。

▶ 能力目标

(1) 了解短视频制作前期策划需要分析和确定的内容,以及需要准备的工作。

(2) 了解什么是短视频分镜头脚本,掌握分镜头脚本的基本要素。能够使用办公软件制作特色菜品展示短视频分镜头脚本。

(3) 在制作分镜头脚本的过程中,能够了解哪些场景适用哪种要素,提升逻辑思维的能力,形成认真、严谨等品格。

(4) 掌握短视频软件 VUE 素材拍摄的使用方法,合理运用画幅、滤镜等前期拍摄技能,依照短视频分镜头脚本完成前期素材拍摄。

(5) 掌握短视频软件 VUE 素材剪辑的使用方法,合理运用 VUE 软件剪辑中的截取、分割、滤镜、删除、镜头速度、文字、音乐等功能完成短视频后期素材剪辑。

▶ 项目图解

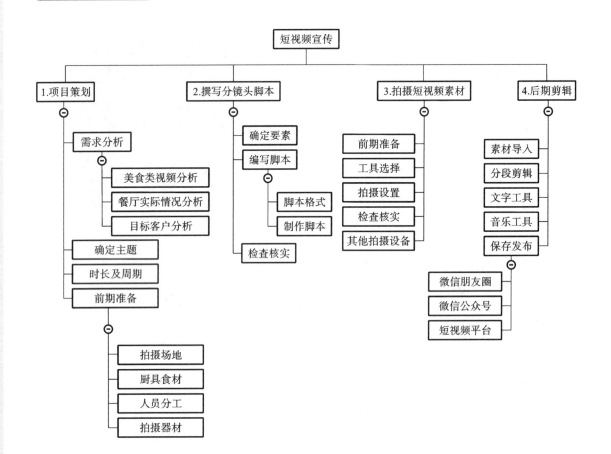

项目实施

任务一 项目策划

小文认为在实施餐厅的短视频宣传的实际拍摄之前需要做好充分的准备工作,需要先对拍摄内容做好整体项目策划,这样才能事半功倍。

标准规范

(1) 内容定位分析,拍摄成本分析,目标客户分析准确到位。
(2) 主题清晰、定位准确,能够充分表达拍摄信息,达到拍摄效果。
(3) 短视频播放时间设计合理、周期计划明确。
(4) 前期项目准备到位。

工作流程

需求分析 → 确定主题 → 拍摄时长及周期计划 → 前期项目准备

一、需求分析

1. 美食类短视频分析 在确立短视频的主题之前,需要先进行市场研究。小文认真观看了社交平台上点击量和播放量高的短视频作品,找出这些火爆短视频的亮点并加以记录,从而了解到当下的市场需求,避免选择冷门主题。经过小文的调查,短视频的第一特点就在于内容直接,从第一秒就要抓住用户眼球,让用户有兴趣看完整个视频。配合着"洗脑式"的音乐,短视频比简单的图文展示更直观立体。短视频营销中常用的话题、动作、文案不但有很强的传播力,还刺激着用户的表现欲,用户模仿制作的视频更具有二次传播作用。现在主流的美食短视频分为美食达人类、美食制作展示类、美食产品测评类、街头美食旅游类等几大类。经过小文的反复对比思考,认为美食制作展示类更适合作为餐厅的宣传短视频主题。

2. 餐厅实际情况分析 餐厅刚开始运营,资金紧张,要尽可能地降低宣传短视频拍摄制作成本。烹饪专业毕业的小文,首先对做菜有更多的理解,也酷爱研究制作美食,并且经常拍摄美食的照片和视频。如果采用拍摄门槛低、成本低的短视频形式借助微信朋友圈、抖音、快手等众多短视频社交平台宣传和推广往往能取得不错的效果。短视频更符合当下年轻消费者的需求和手机阅读的场景,如饭后、睡前、上班通勤的路上、朋友聚会等。善用微信朋友圈,通过朋友的微信圈,宣传餐厅的环境和特色菜品,从而加强了独特的品牌形象。利用活动期间做引流裂变,通过建立微信群,使消费者产生"参与感"。同时以短视频形式宣传增加店铺曝光率,吸引顾客来消费。小文决定利用餐厅现有的条件,自己拍摄宣传短视频,考虑餐厅实际情况,美食制作展示类短视频是拍摄成本最低的。

3. 目标顾客分析 小文经常和朋友们、员工们分享沟通,看看哪些美食短视频人气流量高。小文发现目前餐饮业的主力消费人群是"90后",他们与父辈的餐饮需求有很大的不同。本身自己会做饭的就不多,再加上快节奏的工作环境,"平时吃外卖、周末下馆子"是这一代人的生活常态。在物质丰富的年代成长起来的"90后"对饮食要求也非常高,好吃是基础,情怀是加分项,仪式感也是重中之重。吃饭变成了一种娱乐形式、一种社交活动,人们对餐厅的要求从"便宜、好吃、离家近"逐渐变成了"流行、好看、能拍照"。为了增加餐厅的人气和客流量,所以小文决定制作美食展示类短视频,这样才能让顾客有观看的欲望,从而产生流量,增加餐厅人气。

二、确定主题

通过确定餐厅宣传短视频的主题就能确定项目的主基调。短视频的主题不是随随便便就可以确定的,要结合餐厅本身特点精心策划,才不会产生定位错误的情况。选择合适的主题,进行精准定位,才能够最大限度地吸引目标用户的关注。小文从美食类短视频、餐厅实际情况以及目标客户定位分析,确定了"餐厅特色菜品"的主题。打造餐厅"流行"的设定,建立起网红店的形象。

三、拍摄时长及周期计划

确定了要拍摄的短视频主题之后,具体拍摄剪辑展示的菜品,还需要结合创新菜、重要的节假日、时令节气等研究确定。另外,还要注意把握最终成品的时长,务必做到时间短、内容精彩。

在拍摄周期上,小文计划以月为周期,10 天左右拍摄制作完成 1 条,每月推广 3 条特色菜品短视频,每部宣传短视频拍摄 4~5 道餐厅特色菜品。

四、前期项目准备

1. 拍摄场地准备　在美食拍摄中,光线是有决定性作用的,灵动自然的光线能够锦上添花。所以要尽可能选择在光源充足的场地拍摄,为节约成本,小文决定利用现有条件,在餐厅布置拍摄场地,这样不仅降低成本,而且拍摄所需的厨具、餐具和食材也能方便、及时取用。

2. 食材和厨具准备　拍摄美食短视频,必然涉及食材和厨具的准备。首先食材要上镜就必须新鲜干净、色彩鲜艳。其次就是考虑到可能存在拍摄效果不理想需要重新拍摄的情况,所以小文要求厨师在拍摄现场多准备几份食材,以备不时之需。厨具、餐具等的使用也要符合餐厅和拍摄菜品的特点,尽可能地提升短视频的拍摄质量。

3. 人员分工准备　考虑成本因素,小文决定采用最节省成本的方式,即自己负责策划、拍摄、剪辑和发布推广,餐厅的厨师负责准备食材和厨具并演示制作特色菜品。

4. 拍摄器材准备　小文认为使用摄像功能强大的智能手机就能拍摄出适合朋友圈发布推广的特色菜品短视频,在拍摄过程中展现食材的局部特写更有利于突出食材的表面纹理特征,所以需要巧妙地配合场景和镜头,使食材的形态和纹理得到充分表现。用于拍摄的智能手机最好具有支持微距拍摄等功能。拍摄视频一定要避免画面抖动,所以手持稳定器和固定支架是必不可少的设备。另外还需准备 2 只补光灯。

▶ **效果展示**

项目策划表文件效果展示请扫码。

项目策划表文件效果展示

模块一 企业宣传必备信息技术素养

▶ 评价检测

项目策划任务评价表

评价内容	评价要求	评价指标
内容要求	1.需求分析准确到位。	□不合格 □合格 □优秀
	2.主题清晰、定位准确。	□不合格 □合格 □优秀
	3.播放时间设计合理。	□不合格 □合格 □优秀
	4.周期计划明确。	□不合格 □合格 □优秀
	5.前期准备到位。	□不合格 □合格 □优秀

任务二 撰写短视频分镜头脚本

做好前期的准备工作以后,小文就要着手拍摄工作了,到底要怎么拍?拍摄效果呈现如何?这还需要进一步的镜头脚本设计后才能开始实际的拍摄。

▶ 标准规范

小文参考在网上查找的方法,结合餐厅实际和主题,制订了如下分镜头脚本标准规范:短视频分镜头脚本中主要要素完整,镜头编号顺序准确,内容描述完整,景别和镜头等使用合理,脚本中主要要素完整,素材时长合理,景别和镜头、拍摄技巧等使用合理,有适当的文字,有背景音乐。

> **知识链接**
>
> **脚本和分镜头脚本**
>
> 脚本是我们拍摄视频的依据,指表演戏剧、拍摄电影等所依据的底本或书稿的底本。脚本主要有拍摄提纲、文学脚本和分镜头脚本三种。脚本由来已久,一直是电影、戏剧创作中的重要一环。脚本可以说是故事的发展大纲,用以确定整个作品的发展方向和拍摄细节。
>
> 分镜头脚本又称摄制工作台本,也是将文字转换成立体视听形象的中间媒介,主要任务是根据文学脚本来设计相应画面,配置音乐音响,把握节奏和风格等。分镜头脚本是我们创作影片必不可少的前期准备材料。

▶ 工作流程

确定要素 → 编写脚本 → 检查核实

为什么拍摄短视频必须要先制作脚本呢?主要有以下几个原因。

1. 提高拍摄效率 短视频脚本最重要的功能便在于提高团队的效率,虽然写脚本需要花费一定的时间,却为之后的拍摄工作省了很多不必要的麻烦。只有事先确定好拍摄的主题、故事,团队才能有清晰的目标。只有明白要拍摄的角度、时长等要素,摄影师才能高效完成自己的拍摄任务。另外,脚本还保证了视频中所需道具能提前备好,使拍摄能按时进行,极大地节省了团队制作短视频的时间。

2. 保证短视频主题明确　对于短视频,尤其是有故事情节的短视频来说,主题是否明确是影响短视频质量的重要因素。由于短视频通常只有一两分钟,视频不能有多余的镜头,所有片段都应该与主题相关。事先写好的脚本便是短视频主题明确的保证,创作者可以通过反复阅读和修改脚本来删除和增加镜头,以保证所有镜头都与主题相关,体现共同的思想。

3. 降低沟通成本,方便团队合作　脚本是一个团队进行合作的依据,通过脚本,演员、摄影师、后期剪辑人员能快速领会视频创作者的意图,准确完成任务,减少了团队的沟通成本。

那么,应该采用哪种脚本形式完成短视频制作呢?

脚本形式多样,分镜头脚本是最实用的拍摄脚本,它是在文学脚本的基础上运用蒙太奇思维和蒙太奇技巧进行脚本的再创作,即根据拍摄提纲或文学脚本,参照拍摄现场实际情况,分隔场次或段落,运用对比、呼应、积累、暗示、并列、冲突等手段,来建构屏幕上的总体形象,是依据文字脚本加工成分镜头脚本,不是对文字脚本的图解和翻译,是在文字脚本基础上进行影视语言的再创造。虽然分镜头脚本也是用文字书写的,但它已经接近影视,或者说它是可以在脑海里"放映"出来的影视,已经获得某种程度上可见的效果。

可见,分镜头脚本在视频制作中是不可或缺的。下面我们来学习分镜头脚本编写的方法。

一、确定要素

小文确定的拍摄主题是展示餐厅的五道特色美食,主要包括每道菜品的精彩镜头和摆盘,5道菜品依次是干烧瓦块黄鱼、梅菜扣肉、糖醋小排、麻婆豆腐、三杯鸡。场景确定为类似家庭环境的开放式厨房。小文通过互联网参考了很多短视频分镜头脚本的样例,经过分析研究后了解到分镜头脚本能将文字转换成可以用镜头直接表现的画面,分镜头脚本的格式通常包括镜号、景别、镜头角度、拍摄技巧、画面内容、文字、时长、样图、音效等关键要素。

在确定分镜头脚本的要素后,用表格编辑工具来制作短视频分镜头脚本的表头。

分镜头脚本要素如下。

(1) 镜号:镜头顺序号,按组成视频画面的镜头先后顺序,用数字标出。它可作为某一镜头的代号。拍摄时不一定按顺序拍摄,但编辑时必须按顺序编辑。

(2) 景别:有远景、全景、中景、近景、特写等,代表在不同距离观看被拍摄的对象。能根据内容、情节要求反映对象的整体或突出局部情况。拍摄美食类短视频一般使用的景别主要有中景、近景、特写三种。为了展示制作菜品过程中的操作技法,所以使用特写景别的镜头很多。

①中景:符合拍摄菜品的整体,显示出菜品与餐具的整体。

②近景:能看清菜品和操作中的大部分细节。

③特写:展现被拍摄物体的局部、操作者手部或操作过程中的细节,突出局部的动作等。

(3) 镜头角度:美食类短视频镜头角度大部分为平视和俯视,极少用到仰视角度。

①平视:视平线在画面主体的头部或上部。该角度给人平实和自然的感觉。

②俯视:画面在人物头部或主体的顶部以上,层次和运动比较清晰。

(4) 拍摄技巧:包括固定镜头拍摄和运动镜头拍摄。美食类短视频基本上都使用固定镜头拍摄。固定镜头指的是画面元素不动,镜头也不动;运动镜头指的是画面元素运动,镜头不动。

(5) 画面内容:可以用文字描述的具体画面的内容,如演员的动作及环境营造的感觉。

(6) 文字:包括视频中的人物所说的台词、视频中需要的文字说明等。还可添加图例,就是使用与拍摄所需画面相似的图片。

(7) 时长:镜头画面的时间,表示该镜头的长短,一般是以秒为单位。

(8) 音效:包括相应镜头的效果声,如现场环境声、雷声、雨声、动物叫声等制作者需要的声音。

 知识链接

镜 头 知 识

(1) 镜头:摄像机从开始拍摄到停止拍摄之间的连续镜头,是组成视频的基本单位。

(2) 分镜头:将文字脚本上写出的画面意义,分成若干镜头,将它们组成镜头组去表现文字脚本的内容意义。

(3) 镜头组:一组能够表达完整意思的镜头。

二、编写脚本

(一) 设计分镜头内容

小文和厨师经过研究和分析 5 道特色菜品制作过程,确定了每道特色菜品展示的镜头(表 1-2-1)。

表 1-2-1 分镜头内容设计

菜 品	镜号	制 作 过 程	菜 品	镜号	制 作 过 程
干烧瓦块黄鱼	01	将煎制好的鱼块入锅	麻婆豆腐	15	小火炖煮豆腐
	02	小火炖煮后大火收汁		16	翻炒收汁
	03	装盘淋上料汁		17	麻婆豆腐盛出装盘
	04	干烧瓦块黄鱼菜品展示		18	撒上切碎的青葱
梅菜扣肉	05	蒸制扣肉前淋酱汁		19	麻婆豆腐菜品展示
	06	蒸制完成开启扣碗	三杯鸡	20	煎制鸡块
	07	肉上均匀淋酱汁		21	大火炖煮收汁
	08	梅菜扣肉装盘		22	三杯鸡盛出摆盘
	09	梅菜扣肉菜品展示		23	三杯鸡菜品展示
糖醋小排	10	配料入锅			
	11	掂锅翻炒			
	12	大火烧开收汁			
	13	糖醋小排装盘			
	14	糖醋小排菜品展示			

(二)编写特色菜品分镜头脚本

制作完成分镜头脚本表格后,根据镜号顺序依次填写所运用的景别、镜头角度、拍摄技巧、画面内容、时长、音效等信息。完成分镜头脚本的编写。根据镜号和展示的特色菜品依次编写每个镜头的具体内容,小文认为每段素材拍摄要有充分的时长方便剪辑选取,所以每段素材要拍摄2~5秒。

01号镜头需要展示的是特色菜品干烧瓦块黄鱼的第一个镜头——将煎制好的鱼块放入锅中,没有添加文字说明。小文在景别一项选择特写,镜头角度选择俯视,拍摄技巧选择固定镜头,画面内容为放鱼块入锅,时长为2~5秒(表1-2-2)。

表 1-2-2 分镜脚本:添加第一个镜头

镜号	景别	镜头角度	拍摄技巧	文 字	时长	音效
01	特写	俯视拍摄	固定镜头	将煎制好的鱼块入锅	2~5秒	背景音乐

02号镜头需要展示的是鱼块在锅中干烧的镜头,所以小文选择景别为特写,镜头角度为俯视,固定镜头,时长为2~5秒(表1-2-3)。

表 1-2-3 分镜脚本:添加第二个镜头

镜号	景别	镜头角度	拍摄技巧	画 面 内 容	时长	音效
01	特写	俯视拍摄	固定镜头	将煎制好的鱼块入锅	2~5秒	背景音乐
02	特写	俯视拍摄	固定镜头	小火炖煮后大火收汁	2~5秒	背景音乐

小文拍摄的是宣传短视频,不需要操作方法和配料的文字说明,只需在每道完成的菜品加上名称即可,小文参照前两个镜头的脚本编写方法完成分镜头脚本。分镜头脚本制作完成后要进行检查核实,避免出现遗漏和不连贯的情况。

三、检查核实

分镜头脚本制作完成后要进行检查核实,避免出现遗漏和不连贯的情况。

▶ 效果展示

餐厅特色菜品宣传短视频分镜头脚本效果展示请扫二维码。

餐厅特色菜品宣传短视频分镜头脚本效果展示

▶ 评价检测

分镜头脚本评价表

评价内容	评价要求	评价指标
内容要求	1.脚本中主要要素完整。	□不合格 □合格 □优秀
	2.脚本中的编号顺序合理。	□不合格 □合格 □优秀
	3.内容描写完善。	□不合格 □合格 □优秀
	4.素材时间适当。	□不合格 □合格 □优秀
	5.景别使用合理。	□不合格 □合格 □优秀
	6.镜头使用合理。	□不合格 □合格 □优秀
	7.有适当的音效、字幕。	□不合格 □合格 □优秀

任务三　用手机 APP 拍摄短视频素材

▶ 标准规范

小文参考常见的美食展示类宣传短视频,结合餐厅特点确定素材标准如下:画面主体清晰、视频色彩正常、场景简洁无其他杂物、画幅设置正确;素材画面无模糊、遮挡,无场外杂音、抖动等现象;构图、景别、画幅等拍摄技巧使用合理。

▶ 工作流程

前期准备 → 工具选择 → 拍摄设置 → 拍摄素材 → 检查核实

一、前期准备

小文先跟厨师沟通,让厨师把所需要的菜品、厨具、餐具等提前准备好,确定餐厅后厨为拍摄场地,提前做好卫生,把无关物品提前撤走以免影响画面的美感。摄影师提前准备好拍摄用的像素高的智能手机,并检查手机是否电量充足,手机支架、补光灯、静物台(桌子)及现场用来装饰的道具等是否齐全。

二、工具选择

手机拍摄短视频的 APP 有很多,下面推荐一些常用的短视频剪辑软件。

（一）入门级 VLOG 剪辑 APP

1. VUE　一款受新手欢迎的手机剪辑 APP,支持多种视频画幅,除了竖屏、全屏之外,还有经典、正方形、16∶9 画幅,以及电影荧幕超宽屏。

VUE 内置的电影级别滤镜极大地提升了视频的表现力,F1 滤镜尤为出色,有电影的感觉。VUE 免费滤镜有限,大部分需要付费。总的来说,VUE 以操作简单、滤镜强大等特点成为新手拍摄短视频的第一选择。

2. Quik　这是 GoPro 出品的一款视频剪辑软件,最大亮点就是,用户几乎不用操作,只需要上传本地的视频及照片,后台可以通过特殊的算法在最短的时间内找到视频中的"最佳时刻",为其增添特殊效果和过渡效果,并根据画面同步音乐节拍,自动生成一段视频。这是一款适合新手的剪辑软件。

3. iMovie　iMovie 是 iOS 系统才有的一款剪辑软件,提供多个主题和转场特效,最大的优势在于流畅、稳定,可导入音频、插入音乐,非常易上手。比如选择故事片模板,直接往里面按顺序插入镜头就能直接生成一段影片;相对于一般剪辑软件,iMovie 比较专业,但操作较简单明了,适合入门级制作者。

（二）进阶级 VLOG 剪辑 APP

1. InShot　这是一款 VLOG 剪辑软件,内含种类繁多的动态、静态贴纸;不论是文字还是静态贴纸都可以添加动画效果,搭配 PicsArt 软件可以制作个性化的 VLOG 封面,是一款适合女性朋友使用的进阶版剪辑 APP。

2. Enlight Videoleap　这是一款专业的手机剪辑 APP,操作难度较大,需要基本的剪辑理论知识;Enlight Videoleap 可以添加图片、视频,会自动转化为视频格式,且 APP 提供混合器、文本、音频、滤镜、调整、效果、色调范围、格式等功能。

每一次处理都会增加新的图层，图层可以进行排列，还可以分别进行处理，并不会破坏原有的视频；在剪辑之间还可以添加无缝衔接方式，添加关键帧制作精确的动画。

在这里，小文选择了入门级容易上手的VUE来制作短视频。

在智能手机上下载VUE，打开后进入首页，进行注册或登录（图1-2-8、图1-2-9）。

图 1-2-8　　　　　　　　　　　　　　图 1-2-9

三、拍摄设置

（一）进入拍摄界面

打开软件的首页主界面，点击底部中间的红色相机图标后分别显示剪辑、拍摄等选项。点击拍摄就可以进入拍摄界面了。

知识链接

短视频 APP VUE

随着手机摄像技术的发展，越来越多的人开始使用手机拍照和摄像。摄像一般来说要比拍照更复杂，但是视频传播的信息量又远大于照片。VUE就诞生在这样的背景下，用拍照一样简单的操作，帮助用户在手机上拍摄精美的短视频。VUE是iOS和Android平台上的一款视频播客社区与编辑工具，允许用户通过简单的操作实现短视频的拍摄、剪辑、细调和发布，记录与分享生活。

（二）拍摄界面的设置

拍摄界面的设置选项主要有画幅、滤镜、摄像头旋转、镜头速度、拍摄模式等。

（1）画幅：视频画面的宽高比。手机上常用的一般有宽屏 16∶9、4∶3，竖屏 9∶16，方形 1∶1 等。根据所拍摄视频的类型和自己的需要来选择画幅。

（2）滤镜：一组特效处理的快捷方式。使用滤镜后，如"重金属外壳""菊次郎的夏天"和"阳光灿烂的日子"等滤镜，视频会被按照一定格式编辑。

（3）摄像头旋转：对智能手机的前后摄像头进行切换。

（4）镜头速度：拍摄时可设置镜头的快慢速度。

（5）拍摄模式：自由模式，即不限制时长和分段数；分段模式，可设置固定时长和分段数。

（三）VUE 的设置

打开 VUE 设置拍摄的画幅、滤镜、摄像头旋转、镜头速度等选项。设置自由拍摄模式与分段拍摄模式选择，设置分段数、总时长。

四、拍摄素材

（1）小文让厨师提前准备好第一道菜所需要的食材（鱼、精盐、料酒、油、配料等）、工具。

（2）小文设置 VUE 的拍摄界面画幅为 16∶9，滤镜为无，摄像头旋转为后置摄像头，镜头速度为正常，关闭美肤效果，拍摄模式为自由模式。

（3）依据任务二制订的特色菜品展示分镜头脚本完成第一道菜品的四段视频素材。

（4）第一个镜头拍摄煎制好的鱼块下锅的特写，展现拍摄对象的质感、现状（突出主体——鱼块），让厨师把锅里的鱼块翻炒一下。拍摄完之后告诉厨师第一个镜头拍摄完成。

（5）第二个镜头拍摄锅里面沸腾的画面（小火炖煮后大火收汁）（景别特写/中景），拍摄完之后告诉厨师第二个镜头拍摄完成。

（6）第三个镜头将炖熟的鱼块放在精美的盘子里面（景别全景/中景），拍摄成品时要用纯色背景，背景颜色与食物颜色形成强烈的对比，突出菜品本身，拍摄完之后告诉厨师第三个镜头拍摄完成。

（7）第四个镜头是展示干烧瓦块黄鱼的成品，在后期剪辑时进行变焦右移设置，并添加文字"干烧瓦块黄鱼"，图 1-2-10 就是拍摄菜品时的布光平面图。

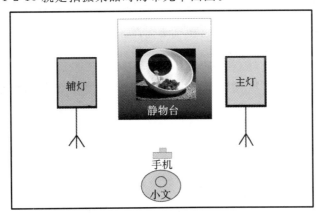

图 1-2-10

五、检查核实

视频素材全部拍摄完成后,小文需要再次检查每段素材是否画面清晰、有无抖动、操作过程是否完整等,发现问题及时补拍。

▶ 效果展示

拍摄短视频素材效果展示请扫二维码。

拍摄短视频素材效果展示

▶ 评价检测

拍摄短视频素材任务评价表

评价内容	评价要求	评价指标
内容要求	素材画面主体清晰、视频色彩正常、场景简洁无其他杂物、画幅设置正确。	□不合格□合格□优秀
	素材画面无模糊、无遮挡、无杂音、无抖动现象。	□不合格□合格□优秀
	构图、景别、画幅等拍摄技巧使用合理。	□不合格□合格□优秀

任务四 用手机 APP 剪辑短视频

▶ 标准规范

(1)素材截取或分割后时长合理,素材设置效果自然。
(2)菜品制作步骤正确完整,镜头运用适当,关键步骤添加文字。
(3)背景音乐恰当,视频作品总时长不超过 30 秒。

▶ 工作流程

素材导入 → 分段剪辑 → 文字、音乐设置 → 保存和发布

短视频制作过程

一、素材导入

在 VUE 里,默认拍摄的时长是 6 秒,4 个分镜头,每个分镜头可以选择不同的滤镜。也可以根据自己的需要设定更长的时间和更多分镜头。此外,小文还可以选择本地已经拍摄好的视频素材。打开 VUE 后在首页点击底部红色相机图标,然后点击剪辑选项进入剪辑界面,依次选择干烧瓦块黄鱼的短视频素材后导入即可。

5 道特色菜品素材导入:依据分镜头脚本将 23 段视频素材和 5 张菜品图片导入 VUE 中。操作步骤如下。

(1)打开 VUE。
(2)单击软件首页下方"剪辑"按钮。
(3)选择视频选项将拍摄好的 23 段特色菜品素材,依据分镜头脚本顺序依次选中,选中后自动生成素材顺序。如图 1-2-11 所示,然后单击下方"导入"按钮即可。

二、分段剪辑

(一)分段素材顺序调整

素材导入后,依据分镜头脚本调整素材顺序。操作方法:在分段页面长按需调整顺序的某分段素材后即可移动该素材。或在剪辑页面选择排序,长按拖动某分段素材可更换顺序。

(二)基本功能设置

(1)静音:选择要操作的分段素材,可设置静音,即消除该分段的原声。如图 1-2-12 所示,在截取每段素材后依据分镜头脚本,将素材全部设置为静音。单击静音图标,图标变为红色,再单击即取消静音。

(2)截取:截取分段中需要的镜头。使用截取工具,如图 1-2-13 所示。依据自己的设计,点击两侧黄色移动图标即可。也可使用快速选取选项。截取完成后单击右下角"下一段"选项,依次对每段素材进行截取操作。

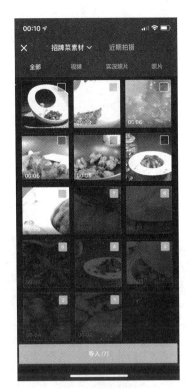

图 1-2-11

图 1-2-12

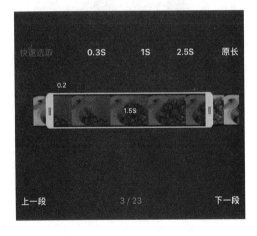

图 1-2-13

(3)镜头速度:对该分段进行快慢镜头设置,VUE 支持 4 倍慢镜头至 4 倍快镜头。

(4)删除:删除选中的分段素材。

(三)其他设置

(1)滤镜:可以为每个分段分别添加滤镜效果,可设置滤镜透明度,也可将该滤镜应用到全部分段。

(2)画面调节:可以对分段进行更详细的调节设置,包括亮度、对比度、饱和度、色温等。画面调节支持应用到全部分段。分段剪辑页面还有美肤、旋转裁剪、变焦、倒放、复制、替换、分割、原声增强等功能。

三、文字音乐设置

(一) VUE 文字设置

VUE 在"文字"选项中提供了"大字""时间地点""标签""字幕"四种文字添加工具。

在"大字"文字添加工具中 VUE 内置了多达几十种样式选项和字体选项(图 1-2-14),双击素材即可添加文字。单击"文字"工具下的选项即可预览使用。单指拖动编辑框可移动位置,双指移动还可缩放调整大小。

在"时间地点"工具中,时间和地点默认为素材导入时间和手机定位的位置(图 1-2-15),单击标签的左右下角图标可以修改时间和地点,拖动标签可移动位置。

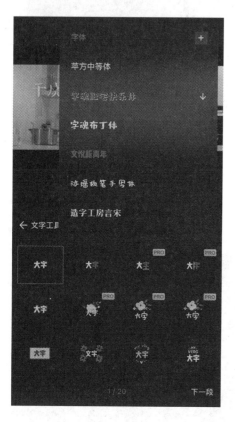

图 1-2-14

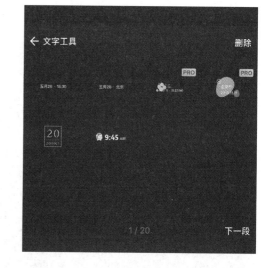

图 1-2-15

"标签"文字工具和"大字"文字工具类似,VUE 也内置了十多种动态样式效果和字体选项。

"字幕"文字工具可以设置字幕文字样式、字号大小、字体。长按"长按加字"图标,视频开始播放,松开后即可在该段视频中添加字幕。

依据分镜头脚本为每段素材添加必要的文字说明。例如菜品的名称应在每道菜品视频的最后。下面以添加文字"干烧瓦块黄鱼"为例讲解。

操作方法如下:选中该段素材,单击"文字",选择"大字",选择字体,拖动编辑框位置,调整编辑框大小,双击编辑框添加文字,输入小字(可选)。编辑好文字后效果如图 1-2-16 所示,编辑框左上角按钮可修改文字,右上角按钮可删除文字,右下角按钮可调整大小。

(二) 音乐设置

在音乐设置中可添加音乐和录音。VUE 提供了大量的音乐素材,点击添加录音即准备开始录制音频,如教师的讲解、环境音等。此外所有导入的音乐和录音均可以进行替换、编辑、分割、复制等操作。为了让整个视频更加完美和谐,在视频制作后期通常要给视频加入背景音乐。需要注意的是,加入背景音乐的目的是让视频整体更丰满,所以在进行背景音乐的选择时,一定要根据视频的内容以及整体的基调选择,背景音乐不能与视频内容产生割裂感。此外VUE还提供大量的边框和贴纸效果,同学们在剪辑过程中可根据自己的想法设置体验,注意VUE中一部分为会员素材,需开通会员才可使用。

添加音乐操作方法如下:进入音乐编辑页面,如图1-2-17所示,点击添加音乐选项可以选择VUE内置的欢快、舒缓、动感等多种风格音乐。点击添加录音选项即可开始录音。左右拖动视频素材可以设置音乐和录音开始时间。

注意:应选择适当的背景音乐,可对背景音乐进行替换、编辑、分割、复制等操作。编辑选项可设置音量大小、开启或关闭音乐淡入淡出模式。

图 1-2-16

图 1-2-17

四、保存和发布

(一)保存

视频编辑完成后,单击屏幕右上角"下一步"图标输入标题和一些文字描述、创作感想等。然后设置保存并发布,如不想发布到VUE社区,可单击"保存并发布"左侧的"…"选项即可选择仅保存到相册、存入草稿箱或取消。

(二)发布

短视频有时间较短、成本低、制作简单、生动等优点,非常适合在互联网上发布和传播。小文可以通过以下途径分享发布自己制作好的短视频。

(1)除了VUE平台外,还可以发布到抖音、快手、西瓜视频等自媒体平台。

（2）在 QQ 空间、朋友圈、微信公众号中进行分享。在后面的内容里，我们会介绍微信公众号等的使用，可以把制作好的短视频放在公众号平台上。

（3）在电商平台的产品详情中使用短视频。

（4）在小红书、简书、UGC 等社交媒体或社区里使用短视频。

▶ 效果展示

制作的短视频效果展示请扫描二维码。

制作的短视频效果展示

▶ 评价检测

VUE 短视频剪辑任务评价表

评价内容	评价要求	评价指标
内容要求	素材排序准确，素材时长截取合理。	□不合格 □合格 □优秀
	文字工具使用准确，字体、大小、位置合理。	□不合格 □合格 □优秀
	视频剪辑的背景音乐符合短视频风格，有节奏感，画面过渡自然。	□不合格 □合格 □优秀

▶ 知识拓展

一、转场

转场主要分为无技巧转场和技巧转场。

（一）无技巧转场

无技巧转场是用镜头自然过渡来连接上下两段内容的，主要适用于蒙太奇镜头段落之间的转换和镜头之间的转换，优势是镜头连接顺畅自然。

（1）空镜头转场：使用一些以刻画人物情绪、心态为目的的，只有景物没有人物的镜头转场。

（2）声音转场：用音乐、音响、解说词、对白等和画面的配合实现转场。

（3）特写转场：对局部进行突出强调的特写镜头和放大的镜头，也是转场的"万能镜头"。

（4）挡镜头转场：指画面上的运动主体在运动过程中挡住镜头进行转场。

（5）相似体转场：非同一类但有造型上的相似性，例如同一个人唱同一首歌，背景在不停地转换。

（6）运动镜头转场：摄影机不动，主体运动；摄像机运动，主体不动；或者两者均运动。可以连续展示一个又一个空间的场景，通常适用于纪录片创作。

（二）技巧转场

技巧转场主要有淡入淡出、叠化、翻转、定格、多屏分割等。一段视频中技巧转场应少量使用，如果一段视频中多次使用技巧转场，会显得整个视频品质不高、没有特点。

二、拍摄设备

拍摄原创短视频选择哪种设备最合适？

如今拍摄短视频的设备类型可以说是五花八门，对于短视频原创作者来说，常用到的前期拍摄设备主要有手机、业务级摄像机、家用 DV 摄像机等。下面来分别分析各种设备的特点。

(1) 手机：手机是每个人常用的数码设备，它集众多功能于一身，随着技术的发展，如今手机的拍摄功能已经十分强大。可以说，现代的智能手机，在一定程度上已经可以胜任一般视频拍摄任务。目前智能手机一般配备 F2.0 左右光圈的镜头，结构为定焦，固定最大光圈，不可调光圈值，固定焦距，不可光学变焦；配备尺寸为 1/3 至 1/2.5 英寸的 CMOS 感光元件；存储依靠手机内置闪存或微型存储卡。这样一套简便的摄像装置，可以拍摄最高达 4K 分辨率的视频，基本满足我们日常记录的用途。手机拍摄视频具有以下优势：首先，手机体积小巧，能随身携带，可以随时随地拍摄，不容易让被拍摄人物产生"晕镜头"的感觉；其次，手机操作简单，手指触摸控制焦点、曝光、拍摄等操作项目，很容易上手，不用过多学习摄像知识也能完成拍摄；再次，可以方便地通过手机软件对视频进行简单的剪辑、调色、特效处理，节省后期制作时间。

(2) 业务级摄像机：多用于新闻采访、活动纪录等。它配备等效 28～600 MM 的大变焦镜头，镜头最大光圈值达 F1.7 左右，多为 3 片尺寸为 1/2.3 英寸的 CMOS 感光元件，可使用 SD 存储卡进行存储，电池电量超大，可连续拍摄 2 小时以上不间断，散热能力强，配备光圈、快门、白平衡、变焦、手动对焦等所有普通视频拍摄常用的快捷功能，同时还具有舒服的横式手持握柄和腕带，方便手持稳定性。可以说业务级摄像机是一台集成度很高的半专业视频设备，普及度很高。业务级摄像机价格较贵，一般业务级摄像机的价格在 2 万元以上，高阶一些的更贵；虽然集成度很高，但体积相对较大；实现创意性画面拍摄有一定难度，例如浅景深的虚化镜头，因感光元件体积并不大，因此很难在非长焦焦段虚化背景。

(3) 家用 DV 摄像机：随着手机的普及，家用 DV 机在这几年的销售受到了很大影响，普通人想随便拍拍视频，用手机可以基本满足了，很难再想起这种设备，但家用 DV 摄像机的存在也有一定合理性。与手机和业务级摄像机比起来，家用 DV 摄像机还是有自身特点的：第一，家用 DV 摄像机具备业务级摄像机的大范围变焦能力，可以实现手机难以实现的光学变焦；第二，家用 DV 摄像机自动化程度很高，没有业务级摄像机那么多的手动操控按键，但自动对焦、自动曝光能力还是不错的，易用性堪比手机；第三，家用 DV 摄像机比较小巧，没有业务级摄像机那么大，可以随身携带；第四，拍摄时间较长，可更换存储卡，这方面比手机有优势；第五，家用 DV 摄像机具有较好的持握设计，比手机持握手感好很多，比业务级摄像机重量轻，画面稳定性差一些。

(4) 辅助设备：要想拍出好的视频，光靠一台摄像机是不够的，还要脚架和滑轨，这样才更加专业。一个好的脚架可以让拍摄的画面更加稳定，将摄像机固定在脚架的上端，脚架可以自由降低，根据需要稳定摇移，一些短视频中的常规镜头使用三脚架完全能够满足。脚架的价格从几十元到几万元的都有。对于短视频初级制作者而言，一个百元左右的脚架足以。

三、素材管理

素材管理是剪辑之前必须要做的工作，而且非常重要。

(一) 为什么要备份素材以及如何备份

如果原始素材丢失，后面的操作也就无法进行。素材备份一般都会采用两种方式，以防万一。最好找个素材机，专门用于素材备份。当然硬盘最好选质量好一点的，同时可以在移动硬盘上也备份一份。

(二)为什么要分类存储以及如何分类存储

分类存储主要为了方便寻找素材。比如可以按拍摄时间、拍摄场地、拍摄内容进行分类。比如拍摄一场公交车里A和B谈话的戏,那会有城市空境、车辆的镜头、公交司机的镜头、乘客的镜头、A的镜头、B的镜头。如果没有分类,即使按照脚本剪辑也非常费劲,所以前期一定要做好素材分类。

(三)如何快速检索

这里的检索有两类:一类是剪辑软件外的检索,可以借助Adobe Bridge对素材进行归类、标记、方便检索;另一类就是剪辑软件内部的检索,通过文件夹分类或者大图标显示检索。

四、拍摄技巧

(一)运镜技巧

让VLOG充满质感可以从运镜开始,运镜就是利用拍摄画面的移动让视频更有吸引力。

(1)移动摇镜:利用手机横、竖移动,前后推拉或者甩的动作来展示主体周围的环境、细节或者状态。

(2)一镜到底:拍摄中没有停止的情况,运用一定技巧将作品一次性拍摄完成。

(3)跟随镜头:跟随主体旋转,或者跟拍移动主体,移动的时候一定要保持稳定。

(二)转场技巧

(1)物体遮挡转场:用画面中的某个物体或是固定部位(如背包、手掌等)挡住镜头,当镜头离开时,转换到另一个画面。

(2)相似场景转场:利用同一天空、颜色相似的墙面、人物的相似性动作等完成画面转换。

(3)旋转跳跃转场:利用瞬间动作迅速切换画面,比如跳跃。

(三)短视频创作中推、拉、摇、移镜头的拍摄方法

(1)推镜头的拍摄方法:推镜头是指被摄对象不动,镜头由远及近向被摄对象推近拍摄,逐渐推成被摄对象近景或特写的镜头。这里的被摄对象不动的意思是被摄对象在原地一个水平面上不动或移动,然后摄影机从远景到中景再到近景,最后到特写镜头。

(2)拉镜头的拍摄方法:拉镜头是指被摄对象不动,摄影机往后移动机位拍摄,逐渐远离被摄对象。这里说的被摄对象不动也是不严谨的说法,事实上并没有完全不动的情况。

(3)摇镜头的拍摄方法:摇镜头是指摄影机机位在原地固定不动,通过使用辅助设备三脚架使摄影机在原地做360°旋转或升降运动。我们常看到的摇镜头是移动旋转延时摄影镜头,还有介绍大场景的镜头。摇镜头的拍摄很方便,不需要摄影机移动。所以我们常结合三脚架的旋转云台进行拍摄。

(4)移镜头的拍摄方法:移镜头是指被摄对象和摄影机一起移动拍摄,这种拍摄手法较常见,比如百米赛跑中,运动员从运动开始到结束,摄影机始终都跟随着运动员一起移动。

既然摄影机是跟随被摄对象一起移动,那么我们拍摄时就要用到移动三脚架或铺设滑轨进行拍摄。拍摄时注意移动的速度要始终和被摄对象保持同等速度,被摄对象停止运动摄影机就

需要停止移动。与摇镜头的区别是移镜头摄影机是移动的,这样就让画面更具动感和艺术感染力。

以上就是视频拍摄中常用的运镜方法,其实镜头的运动方式不只有这四种,但大多都是大同小异。比如跟镜头拍摄,也就是所谓的跟拍。在现在很流行的一镜到底拍摄无任何后期剪辑拼接。这样的拍摄运镜方式和移镜头其实一样,同样是摄影机移动。但跟镜头能拍摄出更具表现力的画面,能从被摄对象四周360°角随意变化。用跟镜头拍摄时,我们必须用到斯坦尼康稳定器或者电子防抖稳定器。同样的作品,不同的运镜方式拍摄出来的效果也大有不同。我们要了解每种镜头的表现意义,才能选择合适的运镜方式,只有了解其工作原理及表现意义就能使自己更加容易掌握。

≡▶ 拓展训练

拓展任务:对比完善分镜头脚本

利用互联网收集烹饪类的短视频分镜头脚本,对比特色菜分镜头脚本与收集到的分镜头脚本的区别,分析原因,取长补短,不断提高分镜头脚本的编写能力。

模块二
企业管理必备信息技术素养

◆ 学习导读

企业管理，是对企业的生产经营活动进行计划、组织、指挥、协调和控制等一系列职能的总称。科技的进步引发了社会深层次的变革，通过信息化管理来缩减成本开支和提高生产效率的企业均已取得明显成效。管理的信息化犹如一场变革，已是大势所趋。其中成本控制和人员管理是其中较重要的部分。

一、成本控制

餐饮企业的成本控制是指在餐饮生产经营中，管理人员按照餐厅规定的成本标准，对餐饮产品的各成本因素进行严格的监督和调节，及时找到偏差并采取措施加以纠正，以将餐饮实际成本控制在计划范围之内，保证实现餐饮企业的成本目标。

本模块选取成本控制中菜品成本控制这一环节进行学习。探讨利用数据统计、报表分析的方法对菜品进行核算，进而实现成本控制。

二、人员管理

在企业中，员工是企业发展的核心。企业应搭建员工成长和实现自我价值的平台，从而最大限度地发挥员工的主观能动性和自身潜能，为企业发展做出自己的贡献。

员工有的从事创新性工作，如菜品的研发；有的从事服务性工作，如接待员、点菜员。创新性工作需要时间成本与物料成本。掌握研发的标准流程，有较好的沟通和交流能力，能科学地统计成本、预测收益，都是创新性人员的必备要求。服务性工作是餐饮企业的"窗口"，应定期对员工进行培训，使其树立起良好的为顾客服务的思想，提高员工的业务素质和技能技巧，提高服务质量。

本模块选取了菜品研发汇报和菜品点餐培训作为学习载体，希望大家可以在学习信息技术的同时，增进对现代化餐厅员工职责的了解。

专题一

成本控制

项目一　菜品利润核算

▶ **情景故事**

小文的餐厅宣传和推广工作正在如火如荼地进行中,但作为餐厅的管理者小朋,却遇到了一个"大麻烦",是什么问题让餐厅管理者小朋头疼呢?当然,除了增加销售额外,就是怎样降低成本了。在现代餐饮市场竞争激烈的环境下,餐饮早已进入微利时代,稍有不慎就会造成亏损。餐饮成本控制是餐厅管理者最关心的问题,作为餐厅管理者的小朋深知这一点的重要性,减少成本开支是节约的最好方法。那么,如何做好餐厅成本控制?这个大大的难题就摆在了餐厅管理者小朋的面前。由于餐厅刚刚起步,规模较小,购买成本控制系统软件显然没有太大的必要,最终,他选择了利用表格编辑软件来编写统计表格。用来批量计算汇总菜品利润,这种管理办法细致而且实用。

▶ **项目描述**

以电脑(或手机)为工具,选用表格编辑软件制作菜品利润核算表。尽量实现数据拾取与计算汇总自动化,让菜品的利润、成本、价格、销量等数据一目了然,以便达到控制成本、提高利润的目的,最终,为经营者的决策提供大数据支持。

▶ **能力目标**

(1) 具有将实际工作任务转化成具体的表格批量运算的能力。
(2) 能够利用科学的核算方式进行菜品利润计算。
(3) 能及时、准确地传递和反馈菜品成本信息,解决餐厅运营成本控制的难题。

项目图解

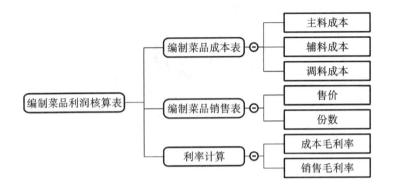

项目实施

任务 菜品利润核算表制作

小朋是餐厅的管理者,有一定的餐厅管理经验,但是为了让餐厅菜品的利润核算更方便、更科学、更直观,他进行了大量的餐饮行业的企业调研。那么怎么才能将这些核算过程通过表格来实现呢?

>
>
> **知识链接**
>
> **餐厅的利润和成本**
>
> 餐厅的纯利润应该是营业收入扣除产品成本、营业费用、营业税之后的余额。餐厅的毛利润是营业收入直接扣减原材料成本的余额。
>
> 餐厅的成本包括:生产、销售、服务三个方面所发生的费用。除了原材料的成本费用之外,其他费用(如人员工资、经营费用、管理费用等)的成本均另立单元,列支在餐厅的经营管理费用单元中计算。因此,我们通常只对餐厅毛利润进行核算汇总,即营业收入扣减原材料成本费用后的余额。

了解了利润和成本后,下面我们一起了解几个概念,这在成本核算中可是非常重要的。

(1)销售收入:在核算单一菜品利润的时候,菜品销售收入就是菜品的销售价格。

(2)原材料的成本:餐饮业成本核算方法分为成本核算、售价核算和毛利润核算三个部分。在进行成本核算时,应该考虑菜品的各种原料的价格,即菜品的主料、配料以及调料等的价格,加上燃料的价格。在主配料上还要计算出原料的净料率、熟制品的出品率,这样才能准确计算出菜品的成本。

(3)净料率:蔬菜、海鲜、鱼类等的出品率不同。如:1斤(1斤为500克)虾仁的出品率为80%、青笋的出品率为40%等。

那么出品率是如何计算的?

这些都是在日常工作中计算出来的,比如 1 斤虾仁购入的时候是冰冻的,那么在解冻后是多少呢？解冻后虾仁的重量是 0.8 斤。

(4) 出品率:(净料数量÷原来的原料数量)×100%。

我们知道了出品率,那么就可以计算出净料成本。

(5) 净料成本:原料价格÷净料率＝净料价格。

有些原料是一些干货。木耳、干鹿筋、干海参等干货原料的出品率实际上就是涨发率,比如木耳的涨发率为 500%、干鹿筋为 400%、干海参为 650%。

(6) 熟制品的出品率:把生的原料通过熟加工成半成品后的净料率。

例如:将采购回来 8 斤生牛肉(肋条)制作为蒙古小牛肉,经过熟加工后出品重量为 4.8 斤,那么,4.8 斤÷8 斤＝0.6,0.6×100%＝60%,即生牛肉(肋条)的出品率为 60%。

净料成本:若生牛肉(肋条)的价格为 48 元/斤,则净料成本＝48 元/斤÷60%＝80 元。熟牛肉(肋条)的价格是 80 元/斤。

通过计算了解到:熟五花肉的出品率为 60%、熟排骨(冰冷)的出品率为 65%、熟肥肠的出品率为 45%、熟口条的出品率为 52%、熟羊腿的出品率为 57%。

出品率有时会根据原料性质会有所改变,比如原料的质量不好、肉注水了、菜品有腐烂的部分,那么出品率就会大大降低,使成本增加。所以,我们要严把原料采购与检验这一重要环节,才能确保成本不会增加。我们要知道,成本增加 1 元,利润减少的数额肯定大于 1 元,所以说餐厅经营的成败重在成本控制。

▶ 标准规范

(1) 表格设计与利润核算的实际工作内容一致。

(2) 表格设计信息:标题、表头、制表日期、主管、审核、制表。

(3) 数据格式正确;公式、函数逻辑关系合理,计算正确;数据引用准确。

(4) 可实现数据自动拾取和汇总计算自动化。

(5) 能通过 PC 端、移动端进行操作。

▶ 工作过程

设计成本表样式 → 输入数据 → 公式函数计算 → 设计利润表 → 计算毛利率

一、设计制作成本表

(一) 设计表格样式,输入原始数据

图 2-1-1 是小朋从厨师和采购处获得的杭椒牛柳这道菜的基本用料量、时令价格及出品率,这些数据是使用表格计算成本前的已知数据,或者称为原始数据。

小朋先新建一个"成本表",然后设计了如图 2-1-2 所示的表格样式,并输入了相关原始数据,其中灰色的价格数据是根据时令价格的变化而变化的,出品率的数据类型可以设置为"百分比"类型,小数点为 0 位,这样表示出来的牛柳的出品率是 140%,杭椒的出品率是 85%。与原始数据格式保持一致,其他不需要计算出品率的用料可以设置填充为 100%,让表格看起来更加完整。

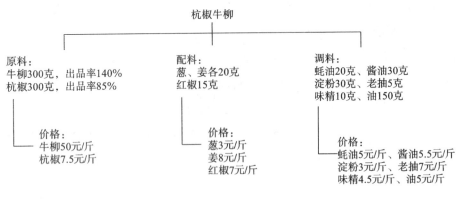

图 2-1-1

A	B	C	D	E
成本	菜品名称	重量（克）	价格（元/斤）	出品率
原料	牛柳	300	50	140%
	杭椒	300	7.5	85%
配料	葱	20	3	100%
	姜	20	8	100%
	红椒	15	7	100%
调料	蚝油	20	5	100%
	淀粉	30	3	100%
	味精	10	4.5	100%
	酱油	30	5.5	100%
	老抽	5	7	100%
	油	150	5	100%

（表头：杭椒牛柳的成本表）

图 2-1-2

（二）运用公式函数计算成本

1. 计算用料成本　小朋根据上面的已知数据内容，就可以得到杭椒牛柳的成本价格，手工计算的话，计算过程如图 2-1-3 所示。

得出原材料出品率后，可利用出品率与计算方法得出净料或半成品的单位成本，也可以检验加工处理水平。由于出品率与原材料品质、加工方法和技术水平有很强的相关关系，如果在原材料品质固定在一个标准水平、加工方法也统一的条件下，可以通过出品率来考核操作人员的加工水平，因为一定的出品率取决于原材料品质与加工处理水平。如原材料品质被控制在一定的标准内，出品率就与加工处理的技术水平有关了，而标准的加工处理技术要求一般是按稍高于操作人员平均水平制订的。因此，出品率的高低也就反映出被测者的加工处理技术水平的高低。另外这在鉴定原材料上有很大的作用，将操作人员技术水平稳定在一个标准上，则可通过出品率来判断原材料的品质等级。

总结上面的计算规律，以上计算过程可以用公式表示：

$$成本 = 价格 \times (重量 \div 500) \div 出品率$$

例如牛柳的成本转化成表格计算公式就是：成本单元格 F3＝C3/500/E3＊D3，其他原料的用料成本可以直接填充生成（图 2-1-4）。

净料成本计算　原料（出品率）

- 牛柳的出品率140%　　50元/500克×300克÷140%=21.43元
- 杭椒的出品率85%　　 7.5元/500克×300克÷85%=5.29元

净料成本计算　辅料

- 葱　3元/500克×20克=0.12元
- 姜　8元/500克×20克=0.32元
- 红椒　7元/500克×15克=0.21元

净料成本计算　调料

- 蚝油　5元/500克×20克=0.20元
- 酱油　5.5元/500克×30克=0.33元
- 淀粉　3元/500克×30克=0.18元
- 老抽　7元/500克×5克=0.07元
- 味精　4.5元/500克×10克=0.09元
- 油　　5元/500克×150克=1.50元

图 2-1-3

	B	C	D	E	F
			=C3/500/E3*D3		
	杭椒牛柳的成本表				
	菜品名称	重量（克）	价格（元/斤）	出品率	用料成本（元）
	牛柳	300	50	140%	21.43

图 2-1-4

2. 成本求和　原料的成本可以通过"SUM()"函数来进行求和计算。例如原料的总成本 G3＝SUM(F3:F4)，其他合计以此类推(图 2-1-5)。

				G3	=SUM(F3:F4)	
A	B	C	D	E	F	G
	杭椒牛柳的成本表					
成本	菜品名称	重量（克）	价格（元/斤）	出品率	用料成本（元）	小计
原料	牛柳	300	50	140%	21.43	26.72
	杭椒	300	7.5	85%	5.29	

图 2-1-5

完成后的表格如图 2-1-6 所示。

A	B	C	D	E	F	G
	杭椒牛柳的成本表					
成本	菜品名称	重量（克）	价格（元/斤）	出品率	用料成本（元）	小计
原料	牛柳	300	50	140%	21.43	26.72
	杭椒	300	7.5	85%	5.29	
配料	葱	20	3	100%	0.12	0.65
	姜	20	8	100%	0.32	
	红椒	15	7	100%	0.21	
调料	蚝油	20	5	100%	0.20	2.37
	淀粉	30	3	100%	0.18	
	味精	10	4.5	100%	0.09	
	酱油	30	5.5	100%	0.33	
	老抽	5	7	100%	0.07	
	油	150	5	100%	1.50	

图 2-1-6

用同样的方法,完成每一道菜的成本表(图 2-1-7)。

成本	名称	重量(克)	价格(元/斤)	出品率	用料成本(元)	小计
			糖醋小排的成本表			
原料	猪小排	500	40	85%	47.06	47.06
配料	葱	10	4	100%	0.08	0.40
	姜	20	8	100%	0.32	
调料	冰糖	20	5	100%	0.20	1.71
	白糖	10	8	100%	0.16	
	料酒	10	4	100%	0.08	
	醋	20	4	100%	0.16	
	酱油	10	5.5	100%	0.11	
	油	100	5	100%	1.00	

| 杭椒牛柳成本表 | 干烧瓦块黄鱼 | 梅菜扣肉 | 糖醋小排 | 麻婆豆腐 | 三杯鸡 |

图 2-1-7

二、设计制作利润表

(一)计算毛利率

我们了解了成本的计算,接下来就可以设计利润表,计算菜品利润。先来计算毛利率,还有一个与利润核算相关的因素就是菜品销售价格的定位。

如何计算好菜品的销售价格也是非常重要的,因为价格的高低也会直接影响顾客的回头率,若价格太高顾客一般不会再次来光顾了,若价格太低餐厅就会没有利润,无法经营下去。所以制定合理的价格是相当重要的,这也影响企业的长久发展。

所以,为了使菜品定价贴近市场,符合大众消费水平,小朋走访了当地许多跟他的餐厅档次和规模相当的餐厅,他发现"杭椒牛柳"这道菜的定价区间在 48~58 元。因此,综合多方因素,他决定将本店这道"杭椒牛柳"定价为 52 元。

有了成本和售价,就能对毛利率进行核算了。

想计算毛利率首先要知道毛利润。毛利润理论上包括生产经营费用、利润、税金之和。但在厨房实际应用中,常用菜品售价减去菜品成本后的差额来表示,即菜品毛利润=菜品售价-菜品成本。

还以这道"杭椒牛柳"为例,毛利润=52 元-31.74 元=20.26 元。

这道"杭椒牛柳"的销售毛利率=(售价-成本)÷售价×100%=(52 元-31.74 元)÷52 元×100%≈39%。

知识链接

毛利率的计算

毛利率,是毛利润与成本或销售价格的比率,可分为销售毛利率和成本毛利率。常用的指标是成品销售价格和成品的耗料成本。以这两个指标定义的毛利率称为销售毛利率。

成品销售价格=耗用原材料成本+营业费用+营业税+利润

销售毛利率(%)=(成品销售价格-耗用成本)÷成品销售价格×100%

从本行业的特点来分析，销售毛利率是毛利润占销售价格整价的百分比较为合理，由于菜点制作方法各异，投入人力、物力消耗多少不一，为了合理地计算成品销售价格，在一定的范围内，应按各个菜点的实际情况确定毛利率的高低。

餐饮企业一般将大众化的产品毛利率定在35%～40%之间；将热炒、冷菜的毛利率定在40%～50%之间；将特色风味菜肴和高档宴席的毛利率定在50%～60%之间。我国一般中档餐饮企业的综合毛利率为50%～55%。

综合毛利率主要是指一个时期厨房销售产品总体反映出的毛利率水平。应以一段时间为核算期间，计算出此期间菜点销售额外负担和全部耗用原材料成本。然后利用销售毛利率法计算，计算出毛利率，即为综合毛利率，将其和规定的标准毛利率比较以确定经营情况。求相对误差的公式：(标准毛利率—实际毛利率)÷标准毛利率×100%。

（二）制作利润核算表

解决了与利润有关的两个关键数据的问题，现在就可以进行销售利润的核算了，计算公式如下：

菜品的销售利润＝(单个菜品的售价－单个菜品的成本)×销售数量

说明：图2-1-8是单一菜品销售利润核算表，可自动计算汇总。

菜品利润核算表

制表日期：　2020年 6月 18 日至 2020 年 7月 17日

序号	菜名	售价（A）	销售份数（B）	成本（G）					毛利润		
				原料（C）	配料（D）	调料（E）	燃料（F）	小计（G） G=C+D+E+F	单品毛利（H） H=A-G	销售毛利率（I） I=（H÷A）×100%	总毛利润（J） J=H×B
									0.00	#DIV/0!	0.00
									0.00	#DIV/0!	0.00
									0.00	#DIV/0!	0.00
									0.00	#DIV/0!	0.00
									0.00	#DIV/0!	0.00
									0.00	#DIV/0!	0.00
									0.00	#DIV/0!	0.00
主管：	小朋				审核：	大堂经理				制表：财务	

图 2-1-8

面对这张表格，小朋的问题又来了？表头中的这些“字段”都代表什么？具体该如何解释呢？

(1) 菜名：菜品的名称。需要手工输入或者从“销售系统”(点菜)中直接拾取。

(2) 售价：菜品的售价。需要手工输入或者从“销售系统”(点菜)中直接拾取。

(3) 销售份数：菜品的销售数量。需要手工输入或者从“销售系统”(点菜)中直接拾取。

(4) 成本：原料、配料、调料、燃料成本的和。各项成本手工输入，求和设定了公式，自动计算。

(5) 单品毛利润：单一菜品的售价与单一菜品成本的差。设定了公式，自动计算。

(6) 销售毛利率：单品售价与单品成本的差(单品毛利润)再除以单品售价×100%。设定了公式，自动计算。

(7) 总毛利润：单品毛利润与销售份数的乘积。设定了公式，自动计算。

明白了每个字段的意思，小朋的问题又来了：这张表的作用是什么呢？

(1) 可直观地显示每道菜品的利润情况，对餐厅的利润情况实时掌握。

(2) 可直观地显示每道菜品的销售情况，综合销量和利润，适时调整经营策略。

(3) 可实现日报、周报、月报、半年报、年报等，操作简单方便，自动计算准确率高。

Note

这样菜品的成本和利润就可以关联了,在这里采用跨表相对地址引用即可。

知识链接

Excel 地址引用

在 Excel 里经常需要引用单元格的地址,下面就简单介绍单元格地址引用及方法。

- 相对地址:由列标和行号组成,例如 A1、B2、C3。
- 绝对地址:在列标和行号前加上符号$,例如$A$1、$B$2。
- 混合地址:上述两种地址的混合表示,例如$A1(绝对列相对行)、A$1(相对列绝对行)。
- 三维地址的引用:其格式为"工作表名称!"+"单元格地址"。
- 同一工作簿不同工作表的数据所在的单元格引用:工作表名称!单元格地址引用。
- 不同工作簿中的数据所在单元格地址的引用:[工作簿名称]工作表名称!单元格地址引用。

如在利润核算表中"E5"单元格引用同一工作簿中杭椒牛柳成本表的原料成本,使用跨表引用方式,即在"E5"对应编辑栏中输入"杭椒牛柳成本表!G3",注意符号应在英文状态输入,这样就完成了跨表数据引用(图 2-1-9)。

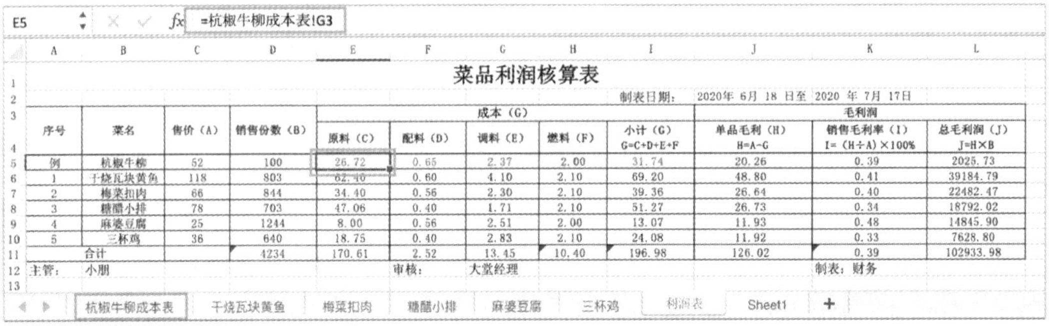

图 2-1-9

菜品利润核算表计算汇总结果如图 2-1-10 所示。

图 2-1-10

到这里,小朋已经掌握了利用科学的核算方式进行菜品的利润核算方法,并能及时准确地传递和反馈成本信息,具备了根据这些信息来解决餐厅运营成本控制的难题。使得餐饮成本情况都在掌握之中。小朋需每天利用早上的时间对此表格进行审查,即可发现问题,及时对当天销售策略进行调整。

数据统计是对数据的初级处理。这些数据如何帮助小朋进行经营决策呢?那么就要对数据进行分析。因此,下一个项目将对这方面的知识进行介绍。

≡▶ 效果展示

菜品利润核算表的制作效果展示请扫二维码。

菜品利润核算表的制作效果展示

≡▶ 评价检测

菜品利润核算任务评价表

评价内容	评 价 要 求	评 价 指 标
内容要求	1. 表格标题、表头等内容清楚规范。	□不合格□合格□优秀
	2. 表格格式设置正确。	□不合格□合格□优秀
	3. 表格中的公式合理,计算正确。	□不合格□合格□优秀
	4. 自动拾取、计算数据。	□不合格□合格□优秀

≡▶ 延伸学习

一、成本概念

成本是一个价值范畴,是用价值表现生产中的耗费。广义的成本是指企业为生产各种产品而支出的各项费用之和,包括企业在生产过程中的原材料、燃料、动力的消耗,劳动报酬的支出,固定资产的折旧,设备用具的损耗等。

由于各个行业的生产特点不同,成本在实际内容方面存在着很大的差异,如点心行业的成本指的就是生产产品的总的原材料耗费,包括食品原料的主料、配料和调料的耗费。而生产产品过程中的其他耗费如水、电、燃料的消耗,以及劳动报酬、固定资产折旧等都作为"费用"处理,另设科目分别核算,在厨房范围内一般不进行具体的计算。

成本可以综合反映企业劳动生产率的高低、原材料的使用是否合理、产品质量的好坏、企业生产经营管理水平等,很多因素都能通过成本直接或间接地反映出来。成本是制订菜品价格的重要依据,价格是价值的货币表现。菜品价格的制订应以价值作为基础,而成本则是用价值表现的生产耗费,所以,菜品中原材料耗费是确定产品价值的基础,是制订菜品价格的重要依据。

成本是企业竞争的主要手段,在市场经济条件下,企业的竞争主要是价格与质量的竞争,而价格的竞争归根到底是成本的竞争,在毛利率稳定的条件下,只有低成本才能创造更多的利润。

成本可以为企业经营决策提供重要数据。在现代企业中,成本成为企业管理者投资决策、经营决策的重要依据。

二、成本核算的概念

对产品生产中的各项生产费用的支出和产品成本的形成进行核算,就是产品的成本核算。

在厨房范围内主要是对耗用原材料成本的核算,通过记账、算账、分析、比较,计算各类产品的总成本和单位成本。

(1)总成本:某种、某类、某批或全部菜点成品在某核算期间的成本之和。

(2)单位成本:每道菜品单位所具有的成本,如元/份、元/千克、元/盘等。

成本核算的过程既是对产品实际生产耗费的反映,也是对主要费用实际支出的控制过程,是整个成本管理工作的重要环节。

(一)成本核算的任务

(1)精确计算各个单位产品的成本,为合理确定产品的销售价格打下基础。

(2)促使各生产、经营部门不断提高操作技术和经营服务水平,加强生产管理,严格按照核算的成本使用原料,保证产品质量。

(3)揭示单位成本提高或降低的原因,指出降低成本的途径,改善经营管理,提高企业经济效益。

(二)成本核算的意义

正确执行物价政策,维护消费者的利益,促进企业改善经营管理。

(三)保证成本核算工作顺利进行的基本条件

建立和健全菜品的用料定额标准,保证加工制作的基本尺度;建立和健全菜品生产的原始记录,保证全面反映生产状态;建立和健全计量体系,保证实测值的准确。

▶ 拓展训练

通过实际考察或其他渠道调研某菜品的基本用料量、时令价格及出品率,并使用表格工具设计制作成本表和利润核算表。

项目二 菜品利润分析

▶ 情景故事

经过小朋的刻苦学习,已经掌握了利用科学的核算方式进行菜品利润计算的方法,但是,造成餐厅利润变化的因素有很多,需要根据餐厅的具体情况采取相应的控制策略和控制措施,采用先进的管理方法,才能更大限度地降低成本,提高餐厅利润。小朋必须深入了解餐饮成本控制与管理的方法,根据经营统计的数据进行分析,为决策提供依据,改进日常管理手段,让餐厅获得更大的经济效益。所以,小朋现在急需学习菜品利润分析报表的制作方法。通过了解,小朋发现分析报表制作工具软件有好多种,经过多方比较和综合考虑,最终,他决定选择使用"图表秀"(图表制作工具)为自己的小店制作菜品利润分析报表。

▶ 项目描述

在餐厅经营过程中,成本、销售和利润之间存在着千变万化的关系。在餐厅销售量一定的情况下,其利润状况如何?如果成本发生了变化,为使利润不减少,销售价格应如何变化?菜点产品价格变化了会对利润产生什么影响,销售工作应该作何调整?这一系列问题,都可以通过对菜品的销售收入、菜品的成本支出、菜品利润进行分析解决。

因此,本项目的任务是多方位多角度对菜品利润进行分析,并用"图表秀"展示分析结果。

▶ 能力目标

(1) 能够多方位对菜品利润进行分析,得出分析建议。
(2) 能够运用图表进行数据可视化展示,直观地显示数据、对比数据、分析数据。
(3) 能够理解菜品分析在经营决策中的作用。

▶ 项目图解

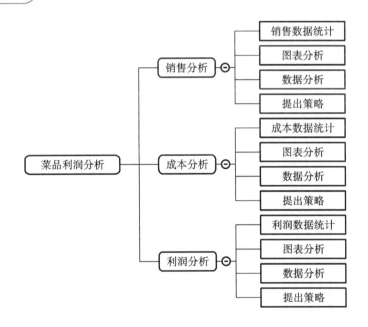

▶ 项目实施

小朋是餐厅的管理者,在日常管理中应该如何提高餐厅的利润呢?造成餐厅利润变化的因素有哪些呢?他必须对成本核算结果,即菜品销售收入、菜品成本支出、菜品利润进行分析。

任务 菜品利润分析

▶ 标准规范

(1) 选择数据准确有效。
(2) 根据分析的数据合理选择展示用的图表。
(3) 数据分析图片美观大方,内容清晰。

（4）能够实现客户的个性需求。

（5）PC 端、移动端都能展示。

工作流程

数据统计 → 图表分析 → 数据分析 → 经营建议

一、菜品销售收入分析

（一）制作分析图表

菜品销售收入分析在经营决策中有着重要的作用。以小文餐厅一个月销售情况为依据（项目一菜品利润核算表计算汇总结果）分析数据，利用图表制作工具，展示分析的数据结果。

餐厅的菜品销售收入，是餐厅的主要收入来源，它的多少决定了餐厅利润的多少，也反映出餐厅的经营水平。通过对餐厅的菜品销售收入状况进行分析，既可以及时发现经营中存在的问题，找出收入变动的原因，巩固已有的业绩，又能为之后制订新的经营措施提供依据。

项目一菜品利润核算表计算汇总结果见图 2-1-11。

菜品利润核算表

序号	菜名	售价(A)	销售份数(B)	原料(C)	配料(D)	调料(E)	燃料(F)	小计(G) G=C+D+E+F	单品毛利(H) H=A-G	销售毛利率(I) I=(H÷A)×100%	总毛利润(J) J=H×B
例	杭椒牛柳	52	100	26.72	0.65	2.37	2.00	31.74	20.26	0.39	2025.73
1	干烧瓦块黄鱼	118	803	62.40	0.60	4.10	2.10	69.20	48.80	0.41	39184.79
2	梅菜扣肉	66	844	34.40	0.56	2.30	2.10	39.36	26.64	0.40	22482.47
3	糖醋小排	78	703	47.06	0.40	1.71	2.10	51.27	26.73	0.34	18792.02
4	麻婆豆腐	25	1244	8.00	0.56	2.51	2.00	13.07	11.93	0.48	14845.90
5	三杯鸡	36	640	18.75	0.40	2.83	2.10	24.08	11.92	0.33	7628.80
	合计		4234	170.61	2.52	13.45	10.40	196.98	126.02	0.39	102933.98

主管：小朋　　审核：大堂经理　　制表：财务

图 2-1-11

用"图表秀"完善表格并生成图表，数据展示如图 2-1-12、图 2-1-13 所示。

菜名	菜品售价	菜品销售份数	菜品销售收入
干烧瓦块黄鱼	118	803	94754
梅菜扣肉	66	844	55704
糖醋小排	78	703	54834
麻婆豆腐	25	1244	31100
三杯鸡	36	640	23040

图 2-1-12

（二）进行数据分析

由图 2-1-13 可知，从销售份数来看小文餐厅该统计月内"麻婆豆腐"的销售份数最多，达到 1244 份；从销售收入来看，"干烧瓦块黄鱼"的销售收入最多，达到 94754 元；再从销售价格上看，"干烧瓦块黄鱼"的销售价格是最高的，为 118 元，"麻婆豆腐"售价最低，为 25 元。

（三）得到经营建议

（1）从"干烧瓦块黄鱼"的售价最高来看，建议通过有效的营销手段和方式推销中高档菜点产品，提高顾客的人均消费水平。

（2）从"干烧瓦块黄鱼"的销售收入最高的来看，建议增加菜点品种，尤其是水产类的菜品，

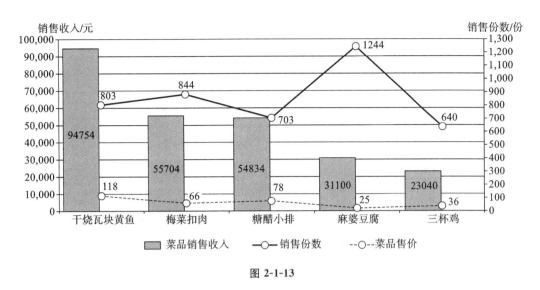

图 2-1-13

提高顾客的消费额。

（3）从"麻婆豆腐"售价最低但是销售份数最高来看,低价家常菜对消费者很有吸引力,建议选择每天或者每周推出一款低价家常菜或者打折家常菜,在提高本菜品销售份数和销售收入的同时,也能带动其他菜品的销售。

二、菜品成本支出分析

（一）制作分析图表

菜品成本支出是餐饮企业的一项重要的经济指标。经济效益的好坏,既取决于菜品销售收入的多少,也取决于菜品成本的高低。对于餐厅来讲,菜品成本支出的大小,影响的不仅仅是利润,还影响餐厅在市场竞争中的地位。菜品成本越低,竞争的主动性就越大。在菜品销售收入相等的情况下,菜品的成本支出越低,盈利就越多。从这个角度讲,对成本支出进行分析,寻找降低成本支出的途径,是提高餐厅经济效益的基本手段。下面以小文餐厅一个月销售情况为依据分析数据。

小朋对小文餐厅 2020 年 6 月 18 日至 7 月 17 日的菜品成本进行了分析,见图 2-1-11。

用"图表秀"根据图 2-1-11 数据完善表格并生成图表,数据展示如图 2-1-14 至图 2-1-16 所示。

菜名	销售收入	成本支出	销售毛利率
干烧瓦块黄鱼	94754	55568	41.36%
梅菜扣肉	55704	33220	40.36%
糖醋小排	54834	36043	34.27%
麻婆豆腐	31100	16259	47.72%
三杯鸡	23040	15411	33.11%

图 2-1-14

（二）进行数据分析

从分析图中可以看出,"麻婆豆腐"的菜品成本最低,"干烧瓦块黄鱼"的成本最高。从销售毛

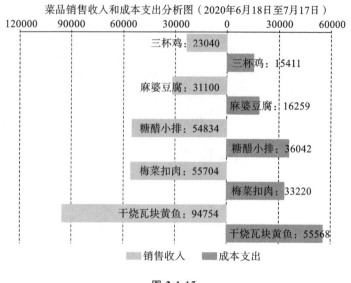

图 2-1-15

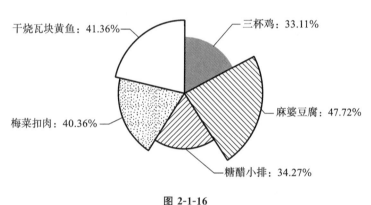

图 2-1-16

利率来看,"麻婆豆腐"的销售毛利率最高,"干烧瓦块黄鱼"的销售毛利率排在第二位,"三杯鸡"的销售毛利率最低。

(三)得到经营建议

(1)通过有效的营销手段和方式推销中高档菜点产品,提高顾客的人均消费水平。

(2)建议增加菜点品种,尤其是水产类的菜品,提高顾客的消费额。

(3)家常菜的销售毛利率比较高,建议采取促销手段,增加销量。

(4)销售毛利率比较低的菜品,可采用不推介或者建议其他菜的营销方法,适当减少销量。

三、菜品销售毛利润分析

(一)制作分析图表

菜品的销售毛利润是餐厅销售结果的直接体现,也是经营状况的直接反映。进行利润分析的目的,是为了了解影响利润大小的因素及影响程度,并在此基础上找出增加利润或扭转亏损的努力方向。

小朋对小文餐厅 2020 年 6 月 18 日至 7 月 17 日的菜品销售毛利润进行了分析,见图 2-1-11。

用"图表秀"根据图 2-1-11 的数据完善表格并生成图表,数据展示如图 2-1-17、图 2-1-18 所示。

菜品	销售毛利润	利润贡献度
干烧瓦块黄鱼	39186	38.1%
梅菜扣肉	22484	21.8%
糖醋小排	18791	18.3%
麻婆豆腐	14841	14.4%
三杯鸡	7629	7.4%

图 2-1-17

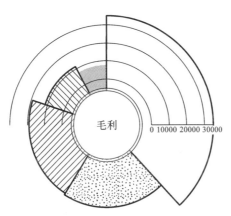

图 2-1-18

(二)进行数据分析

从以上分析图中可以看出,小文餐厅该统计月内销售毛利润"干烧瓦块黄鱼"最高,为 39186 元,利润贡献度为 38%,占比最高。"三杯鸡"的销售毛利润和利润贡献度都最低。

(三)得到经营建议

(1)节约食材成本。由于现在餐饮成本较高,应充分利用食材,变废为宝,帮助餐厅节约成本。

(2)打造菜品,优化菜单。优化菜单,打造招牌菜是餐厅盈利的一大关键点。在打造菜品的时候,既要美味又要符合现代人追求健康的宗旨,同时毛利率要高,易于标准化,好复制,最好可以嫁接其他烹饪手法,灵活多变。

(3)菜单营销第一步,菜单上一定要有图片,特别是招牌菜,可借助现代化信息手段,如手机 APP、电子点餐牌、餐厅多媒体宣传屏等。顾客看到菜品图片就会有欲望:这个菜看起来不错,这次没点下次再来肯定要点这道菜。餐厅要做好菜品的营销,应使菜单吸引顾客眼球。

(4)增加客流量。菜品低利润,还有一个办法就是增加菜品的销量。本来利润已经很低了,如果销量再跌到谷底,那餐厅真的就陷入危机了。如何增加菜品的销量,自然是多接一些酒席,像生日宴、婚宴、满月宴等。多多宣传餐厅的特色菜及服务,让朋友推荐也是推广的方法。还可以想一些比较新奇的点子来吸引顾客。如采用会员制的方法,顾客在店里消费达到一定额度后,为了吸引顾客再来就餐,可以凭借会员卡打折。还有的餐厅承诺顾客消费到一定额度后可以打更低的折扣,或者打折的同时送积分,积分可以换礼品或代金券等。

(5)优雅摆盘,减少菜品分量。好的摆盘不仅让顾客有赏心悦目的感觉,还能减少菜品的分量,起到节约原材料的作用。这个需要学习,多观察大师级人物是如何操作的,观察饭桌上哪些菜品是必点,而浪费率又正好是居高不下的,就完全可以利用摆盘来解决,从而节省开支,省即是赚。

(6)选择特色菜品或者适时推出新菜品。每一个成功的餐厅都是靠自己独特的招牌菜或菜系来吸引顾客的,因此,选择什么特色菜作为餐厅的招牌菜也是非常重要的决定。

(7)采购环节。采购在各行各业都是非常重要的一个环节。一个优秀的采购员总是能以更低的价格购进更合适的食材。有的餐厅是指定的采购渠道,价格事前已谈妥。但还是可以去市场进行调研,找找有没有更实惠的渠道,以及什么时间点采购最为划算等。

总之,菜品利润低一定要从各方面分析调查原因,再研究讨论,想尽各种办法增加菜品的利润。如果一个餐厅的菜品长期低利润,在销量不增的情况下,餐厅势必会很难经营下去。多调查,多尝试,才能解决问题。但是前提是保证食物新鲜,不要顾此失彼,到时候得不偿失!

这里,小朋已经基本掌握了从多方位对菜品利润进行分析,运用图表进行数据可视化展示,直观地显示数据、对比数据、分析数据。根据这些知识来解决提高餐厅菜品销售利润的难题,使得餐饮生产和销售环节尽在其掌握之中。只要每天利用早上一小时的时间对各种数据进行分析,从中发现问题,及时对当天的经营策略进行调整和优化,达到利润最大化的目的。

效果展示

"图表秀"制作分析图表效果展示请扫二维码。

"图表秀"制作分析图表效果展示(仅展示图片效果)

评价检测

菜品利润分析任务评价表

评价内容	评价要求	评价指标
内容要求	1.数据选择准确有效。	□不合格□合格□优秀
	2.根据数据选择图表类型合理。	□不合格□合格□优秀
	3.图表设计美观大方。	□不合格□合格□优秀
	4.图表内容直观有效。	□不合格□合格□优秀

延伸学习

关于餐饮店利润的一些知识。

(一)毛利润和利润不是一回事

很多餐饮店管理者对毛利润和利润定义的了解不够清晰,甚至认为毛利润就等同于利润,导致他们在调整菜品成本时出现问题。

毛利润=菜品售价-菜品原料成本

利润=毛利润-人工、房租、水电煤气等费用从上述两个公式可以看出,利润才是餐饮店赚到的钱,而不是菜品售价减去菜品原料成本。所以我们在调整菜品价格时,要把人工、房租、水电煤气等费用全部考虑进去,不要光想着原料成本和菜品售价这两个因素。

（二）价格影响利润,却不决定利润

菜品的价格影响着利润,但并不能决定利润。因为影响利润的因素有很多,比如各项成本、消费者点餐的数量等。

所以想要提升利润,不能只从菜品价格上着手,还可以调整其他的因素。

（三）薄利多销,相当于降低人工成本利润率

餐饮店最忌讳薄利多销,原因就是薄利多销后,单品利润降低,而人工成本没有变,这就导致了人工成本利润率下降,即相同人工费的产出变少了,因此总营收不见得会上升。

$$人工成本利润率＝(利润总额÷人工成本总额)×100\%$$

（四）好的管理方式,能提高人工成本利润率

很多餐饮店管理者忽略自己的管理职能,他们没有细致地对采购、盘点、出餐流程进行等管理,这就浪费了人工资源。

好的管理能提升餐饮店整体的运转效率,能在相同的时间内产出更多的餐品,也就是提高了人工成本利润率,餐饮店的利润就会更高。

（五）餐饮店80%的利润来自20%的回头客

有关数据表明,餐饮业80%的利润来自20%的回头客,老顾客所产生的销售额是新顾客的15倍以上。

所以,餐饮店的重点应放在如何维护老顾客上。当然,这不代表不需要挖掘新顾客,只是要将维护老顾客放在第一位。

（六）中小型餐饮店提升利润的最好方式,就是想尽办法降低成本

对于中小型餐饮店而言,其主要功能是满足顾客的日常餐饮,所以实惠是最重要的。也就是说,中小型餐饮店提升利润的最好方式,就是优化资源,降低原料成本和制餐成本。

（七）大型餐饮店提升利润的最好方式,就是想尽办法提升客单价

对于大型餐饮店而言,主要功能是满足顾客的聚餐社交等行为,所以大型餐饮店提升利润的最好方式,就是想尽一切办法,来提升顾客的客单价。比如出售套餐,就是降低单品利润并提升客单价的一种方法。

（八）利润越大的餐饮店,往往"死"得越快

华为创始人任正非曾说:"利润最大化实际上就是榨干未来,伤害了战略地位。"

因为利润越大,就代表该餐饮店的餐品性价比越低。

餐品利润过高,就意味着该餐饮店要么定价贵了,要么偷工减料了,要么就是压榨员工了。这三种无论哪一种,都会让顾客反感,让该餐饮店迅速倒闭。

（九）最合理的利润一定是建立在最合理的事情的基础上的

但很多餐饮店管理者不知如何制定合理的利润。

其实,不必刻意去控制利润,把利润定在某一数据上。只需用最小的成本满足顾客最大的餐饮需求,包括食材、设备、软装等;善待员工,让员工能投入自己的全部热情,这样剩下来的利润,自然就是最合理的利润。

≡▶ 拓展训练

请根据以下描述,设计制作一份营业收入利润表,完善表格数据,生成菜品利润分析图表,并分析如何才能提高营业利润?

作为一个餐饮业的管理人员,读懂每月的财务报表是十分必要的。但是,要想真正读懂和熟悉财务报表中的每一项数据含义,掌握各项数据之间的内部关系,找出经营中的不足和努力方向,也是很不容易的。几个常用名词的含义及它们之间的关系如下。

1. 菜单收入、菜品收入、应收收入和确认收入

(1)菜单收入:根据点菜菜单统计的收入。

(2)菜品收入:菜品收入＝菜单收入－服务费,菜品收入这项数据,更有利于对经营成本的分析,以下分析都是以菜品收入为基础来进行的。

(3)应收收入:菜单收入经过免单、打折、抹零和去掉优惠券的数额等后的收入。可以从字面上理解和记忆,应收收入就是应该得到的收入。从菜单收入到应收收入,体现出公司为了保持正常的经营而采取一系列的经营政策。还有一点也要注意,不要把挂单部分的应收收入变成死账。

(4)确认收入:确认收入＝应收收入－当月挂单＋前期挂结,是当月确认的实际收入。它包括当月现金收入、签单(有一些单位有存款,每用餐一次签字一次,统一结算)、转单(公司用餐款,月末直接转账)和对前期挂单的结账款等。

2. 营业收入、菜品成本、当月经营费用和净利润 以菜品收入为例(以下同)说明菜品收入、菜品成本、当月经营费用和净利润的含义以及它们之间的关系。

营业收入,在前面已经讲过,不再重复;菜品成本,是制作菜品时所需原材料等的支出;当月经营费用是指当月房租、工资、水电气费、消耗品、税收等与营业有关的费用支出;净利润＝菜品收入－菜品的成本－当月经营费用。

专题二 汇报培训

项目一 菜品研发汇报

▶ **情境故事**

为适应餐饮市场日益激烈的竞争发展趋势,提高在行业中的竞争优势,培养厨师的创新意识,最大限度地满足顾客的需求,促使餐厅的品牌效益和经济效益不断提高,同时也是为了进一步加强餐饮工作,提升技能水平,突出餐饮特色,提高顾客满意度,餐厅制订了新菜品研发制度。小文担任新菜品研发组组长,通过对食客口味的分析,研发组推出了一款"火焰口味虾"的菜品,但是如何让大家认识这款新菜品的市场价值呢?小文通过对相关信息技术的了解和学习,决定制作演示文稿,辅助汇报。

▶ **项目描述**

撰写演讲稿,根据演讲稿制作配合演讲用的演示文稿,实现演示文稿的自动播放,最终进行新菜品研发汇报。

▶ **能力目标**

(1)明确需求,撰写演讲稿。

(2)结合演讲稿,制作演示文稿,符合制作规范。

(3)借助演示文稿进行现场汇报,体现演讲技巧。

餐饮创业必备信息技术素养

▶ 项目图解

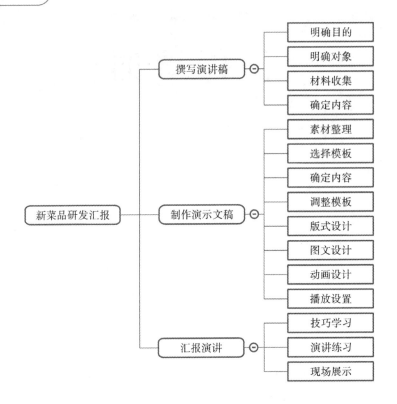

▶ 项目实施

本项目可以分为两个任务，分别是撰写演讲稿、根据演讲稿制作演示文稿。最后可根据演示文稿进行汇报演讲。第一个任务是撰写演讲稿，它是演讲的重要依据，也是确定演示文稿内容的依据。

任务一　撰写演讲稿

▶ 标准规范

1. 主题鲜明，目的明确　撰写演讲稿之前要先确定演讲主题和演讲目的，在后续的写作过程中要紧扣主题，目的明确，不能中途跑题。

2. 逻辑清晰，有说服力　演讲稿的内容应包括开头、主体和结尾三部分，这三部分内容的逻辑关系要清晰，对先写什么、后写什么、为什么这样写要做到心中有数。配合说明主题而选择的材料要有说服力，能得到听众的认可。

3. 符合情境，有针对性　撰写演讲稿之前要先确定演讲的情境，了解演讲的对象。根据不同的演讲情境安排不同的演讲内容，根据不同的演讲对象采用不同的语言模式。

4. 表达流畅，有感染力　演讲稿的行文不仅要流畅、简单易懂，还要富有激情、有感染力，要能打动听众，并将激情付之于行动。

▶ 工作流程

确定目的 → 了解对象 → 收集素材 → 确定内容

撰写一份好的演讲稿并不容易,不仅需要知道好的演讲稿的撰写标准,还需要知道撰写演讲稿的流程。

一、确定撰写演讲稿的目的

撰写菜品研发汇报演讲稿的目的是通过向研发组汇报新菜品,让研发组的其他成员了解这款新菜品,了解新菜品为什么能给餐厅增加收益,争取他们对研发菜品的支持,整个演讲稿都要围绕这个目的来写。

二、了解演讲对象

撰写演讲稿要有针对性,对演讲的对象要有充分的了解,这样才能进一步确定演讲稿采用什么样的语言,写什么样的内容。小文这次的演讲对象是新菜品研发小组的所有成员,包括餐厅的合伙人小朋以及餐厅所有的厨师、服务员、采购员等工作人员。餐厅的决策者需要了解新菜品的成本,以便为新菜品定价;厨师负责菜品的制作,需要了解新菜品的烹饪过程;采购员负责食材的采购,需要了解新菜品用到的食材及用量;服务员负责为顾客服务,需要了解菜品的口味、特点、寓意等,以便为顾客推荐新菜品,增加餐厅的收入。所有人有一个共同的愿望,就是能研发出口味独特的新菜品,吸引越来越多的顾客前来就餐,餐厅的效益能够越来越好。

三、收集演讲素材

为了写好演讲稿,小文预先收集整理出以下材料。

(1)制作新菜品用到的食材以及每种食材的具体用量。

(2)新菜品的成品图片及主要食材图片。

(3)新菜品的烹制过程文字内容及图片。

(4)制作新菜品的成本及预估价格。

(5)新菜品的特点。

(6)新菜品的寓意。

四、确定演讲内容

1. 开场白 演讲讲究天时、地利、人和。讲究天时、地利就要选择好的演讲情境和时机,小文把汇报演讲和讨论的时间安排在早上 8:00—8:30 餐厅正式营业之前的时间段里,因为餐饮业有错时用餐的特殊性质,他知道这个时间段很多员工都还没有吃早餐,小文想在演讲的同时让厨师长烹制出这道"火焰口味虾",演讲汇报完成后同事们就可以马上品尝到这款新菜品。为了能打动听众,打开听众的味蕾,也为了他们能认真聆听自己的汇报演讲,小文采用了提问式的开场白:"各位同事,早晨好,大家吃了吗?如果还没吃早餐,请坚持一下,我讲完会有好吃的。如果已经吃过了,那我保证,听了我对新菜品的介绍,肯定还想再吃一顿。"

这样的开头很容易让人联想到演讲的内容肯定与菜品有关。

2. 主体 主体部分是演讲的关键,演讲的主要内容都要在主体部分完成。主体要承接开场白,内容充实、逻辑性强。为了说明做新菜品研发的必要性,小文演讲稿的主体部分仍然以一个问题开头:"为什么我们的餐厅风格如此时尚典雅、富有现代气息,却不能吸引更多年轻顾客光顾呢?"小文想通过这个问题,引出大家对餐厅菜品的思考:是不是餐厅提供的菜品过于传统不能满足年轻人的需要?这样就可以顺理成章地进入新菜品的介绍部分了。同时,采用这种提问与回答的方式,让听众和演讲者之间有了互动,不再是演讲者一个人在台上自说自话,而是营造出活跃的氛围。让大家跟着小文的思路,有继续认真听后续演讲内容的欲望。

"现在我请大家环顾一下我们餐厅的用餐环境。是不是可以用简约、现代、温馨、典雅、时尚形容?很符合年轻人的审美?但是为什么来我们餐厅用餐的年轻人不多呢?大家想过这个问题吗?"("对,说得好,是因为我们餐厅的菜品不能满足年轻人的要求。")

通过小文的提问和听众的思考与回答,小文把演讲的内容聚焦在新菜品上。他开始逐步介绍这款能迎合年轻人喜好的新菜品"火焰口味虾",从所用食材到具体用量,从烹制方法到口味特点,从预估售价到菜品的寓意,层层展开、逐步递进,让听众对新菜品有全面的了解,满足决策者小朋想知道新菜品成本和价格的需求,厨师想知道新菜品烹饪过程的需求,采购员想知道食材及用量的需求,服务员想知道菜品的特点及寓意的需求。

"马上就要中秋了,中秋前后的虾蟹最肥美,正是人们品尝虾蟹的季节。为了能让中秋这个节日为我们带来更多的顾客,让我们餐厅的营业状况越来越好。我和厨师长一起设计了一道新菜品,这道菜以基围虾为主要食材,口味上针对的是追求时尚的青年顾客群体,他们的购买力强,消费欲望强烈,只要菜品能够吸引他们,我相信他们会愿意为这道菜买单的。下面我将从菜品的名称、食材、烹制过程、菜品特点和菜品寓意五个方面介绍这款新菜品。"

以上这一段,承接前面的餐厅菜品不能吸引年轻人的内容,说明了研发的新菜品主要针对的客户群是年轻人,前后呼应,逻辑性强。还对接下来要介绍的内容做了简要的说明,承上启下,带领着听众一步步有逻辑地展开下面的内容。

"这款新菜品的名字叫作'火焰口味虾'。菜品采用的主料是基围虾、口蘑、芦笋和芝士碎。辅料和调料包括小青柠、开心果、黄油、海盐、大蒜、莳萝、百里香、黑胡椒、橄榄油、朗姆酒。这道菜的用料成本大约是65元,考虑到运营成本和利润,预估售价应该在120元左右。菜品用料简单,利润空间大。通过新菜品的用料,我们可以想象出来这是一款中西合璧的菜品,应该能受到年轻人的喜欢。"

以上这一段,介绍了菜品的名称、主要食材及用量以及成本和售价,是新菜品最关键的内容,也是餐厅管理者小朋最想了解的内容,所以小文采用简洁的语言,非常明确地给出了上面的信息。文字简练,但是主题明确。

接下来小文介绍厨师们最想了解的内容——"火焰口味虾"的烹制过程。

"下面我简单介绍一下这款'火焰口味虾'的烹制过程:首先要清洗基围虾,剪去虾须、虾枪。然后给基围虾开背、剔除虾线。将经过处理的基围虾和盐、黑胡椒、莳萝、百里香、大蒜末、黄油一起搅拌均匀进行腌制。口蘑和芦笋作为配菜,先用少量黄油加橄榄油煎炒。接下来在锡纸最下一层撒上芝士碎,芝士碎上放腌制好的基围虾,最后放上炒好的口蘑和芦笋后一起严密地包裹起来。将锡纸包放进炒热的粗粒海盐里进行盐焗,大约十五分钟。食用的时候在海盐上码放小青柠,菜品上桌后再淋上朗姆酒点燃,当火焰熄灭时,从海盐中挖出锡纸包,打开锡纸包后香味扑面而来。最后在红色的基围虾、绿色的芦笋和白色的口蘑上面再撒上一层开心果碎,这道芝香浓郁的'火焰口味虾'就做好了。"

小文关于菜品烹制过程的描述,依然采用的是和前面风格一致的简洁的语言,同时这段文章很有画面感,在听众面前徐徐展开了一幅烹制过程的画卷,很有吸引力,能够激发听众的食欲,刺激听众的味蕾。通过对新菜品烹饪过程的描述,让听众知道新菜品的口味中西合璧,满足年轻顾客的要求,紧扣主题。

接下来小文介绍新菜品的特点和寓意。

"这款菜的特点是食材营养丰富、荤素搭配均衡、口味清淡健康、色彩激发食欲、做法中西合璧,食用方法独特。秋天是收获的季节,我们推出这道菜在中秋那一天。这道菜颜色丰富,象征丰收。配上红红的基围虾和燃烧的海盐,寓意是日子红红火火,事业蒸蒸日上。"

上面这段文字语言风格同样简洁,让听众了解他们想知道的内容。这篇演讲稿的主体部分主题明确、内容充实、逻辑清晰、语言生动、层层递进,说明了新菜品为什么对年轻人有吸引力,回答了演讲稿最初提出的问题,前后呼应、有说服力。

3. 结尾　好的结尾能够起到画龙点睛的作用,小文在结尾处对新菜品给餐厅带来的经济效益做出了美好的展望。

"我相信,这款新菜品'火焰口味虾'一旦推出,必定会有更多的年轻顾客前来就餐,提高我们餐厅的营业额,再通过网络的宣传,会让更多的人知道我们的餐厅,吸引他们到我们的餐厅消费。那时候我们的餐厅定会高朋满座,生意兴隆。下面就让我们一起品尝这款新菜品'火焰口味虾'。"

这段文字言简意赅,激发起了大家的热情,同时也激发起了大家的食欲。通过前面的介绍,大家对新菜品早已垂涎欲滴了,小文设想在现场演讲结束时,让冒着红红火焰的"火焰口味虾"同时出现在大家眼前。当锡纸包从海盐中挖出,然后一层层打开,带着芝香、Q弹鲜嫩的虾肉入口的那一刻才是演讲的结束。这样的结尾一定会给听众留下深刻的印象,带来心灵和感官的双重触动。带动餐厅全体员工继续推出新菜品、增加餐厅收益的工作热情,达到演讲的目的。

评价检测

撰写演讲稿任务评价表

评价内容	评价要求	评价指标
内容要求	1.演讲稿主题鲜明,目的明确。	□不合格□合格□优秀
	2.演讲稿逻辑清晰,有说服力。	□不合格□合格□优秀
	3.演讲稿符合情境,有针对性。	□不合格□合格□优秀
	4.演讲稿表达流畅,有感染力。	□不合格□合格□优秀

任务二　根据演讲稿制作演示文稿

标准规范

(1)主题明确、结构合理、逻辑清晰。选择用于制作演示文稿的模板应适合做菜品介绍。标题幻灯片能准确地表达演示文稿的主题。演示文稿的内容围绕主题展开，结构合理，顺序符合逻辑。

（2）界面美观简洁、色彩搭配和谐、符合设计规则。演示文稿的界面应该美观简洁、色彩搭配和谐，幻灯片中的图文元素布局符合版式设计规则。

（3）字体字号恰当、动画效果得当、实现自动播放。演示文稿中文字的字体、字号、样式使用恰当。幻灯片的切换效果设置恰当，出现时间合理。幻灯片中对象的动画效果设置合理，出现时间与演讲速度保持一致。演示文稿能够实现自动播放，起到配合现场演讲的作用。

工作流程

素材整理 → 选择模板 → 确定结构内容 → 调整模板 → 设计版式及配色 → 设计动画效果 → 设置自动播放

要想高效率地制作一个高质量的演示文稿，工作的顺序很重要。

一、演示文稿所需素材整理

演示文稿中要用到的图片和文字素材要收集并整理好，并建立不同层级的文件夹来保存这些图片和文字。小文的演示文稿所需的素材是按如图 2-2-1 所示的方式建立的。

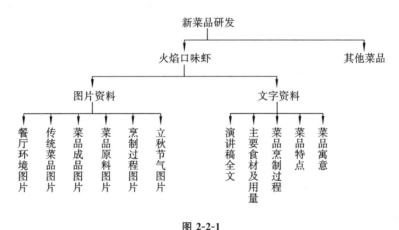

图 2-2-1

小文请专业的摄影师拍摄制作新菜品汇报演示文稿需要的图片，自己根据演讲稿的内容整理关于新菜品的文字资料，并把这些图片和文字分别存放到不同的文件夹中，然后开始制作演示文稿。

二、选择演示文稿模板

一个好的演示文稿对配色、版式和动画等方面的要求非常高，需要受过专业的训练才能设计出来。小文为了能快速高效地把新菜品介绍给大家，他选择了从网上下载适合做菜品介绍的专业模板进行修改（图 2-2-2）。

小文选择了一个用于厨师培训的演示文稿模板，这个模板中的配色、版面布局、动画效果等能满足做新菜品介绍的需要。

（1）模板中的色彩搭配和谐、界面美观简洁。

（2）文字与图片的版面布局符合靠近、对齐、留白等设计原则。

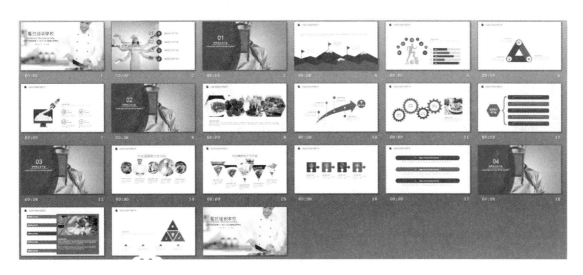

图 2-2-2

(3) 动画效果恰当且富有趣味性,配合幻灯片中的内容,起到画龙点睛的作用。

小文只要对这个模板稍加修改,删除不必要的部分,将幻灯片中的图片替换成有关新菜品汇报的图片,再配以适当的文字说明,将幻灯片的顺序进行调整,就可以作为新菜品汇报的演示文稿。

三、确定演示文稿的结构和内容

根据演讲稿的新菜品研发汇报的主题,演示文稿结构和内容设置如下。

1. 标题页 根据演示文稿的标准规范,标题页中要有演讲的主题,副标题可以是新菜品的名称及其特点,标题页中还要说明演示文稿的制作人姓名及职务(图 2-2-3)。

图 2-2-3

2. 提问页 小文用两页幻灯片完成了新菜品研发的提问页。第一页的内容包括图片和文字两部分,图片说明餐厅的环境,文字提出一个问题让大家思考:为什么来餐厅就餐的年轻人不多?第二页幻灯片同样包括图片和文字两部分,图片说明餐厅提供的菜品较传统陈旧,文字回答上一页幻灯片提出的问题：因为餐厅的菜品过于传统，不符合年轻人的口味。两页幻灯片说明因果，逻辑顺序合理（图 2-2-4）。

图 2-2-4

3. 目录页 小文在开始介绍新菜品之前先给出目录，让观众一目了然，知道小文要从哪些方面介绍新菜品（图 2-2-5）。

图 2-2-5

4. 内容页 内容页包含介绍新菜品的名称、主要食材、成本及售价、烹制过程、菜品特点及寓意。

接下来小文根据目录的顺序分别介绍菜品的以上内容，给出了餐厅管理者小朋、厨师、采购员、服务员等不同听众想得到的信息。小文先介绍新菜品的名称，然后介绍主要的食材及用量，有了食材、用量才能确定菜品的成本及售价。接下来他继续介绍新菜品烹制过程，听众知道了新菜品的烹制过程，才能理解新菜品中西合璧的特点，最后给出新菜品的寓意，说明新菜品为什么能吸引年轻的顾客群。层层递进地介绍新菜品，结构合理（图 2-2-6）。

5. 小结 根据演讲稿的结尾，对新菜品推出后给餐厅带来的效益做出展望，配合演讲稿的内容，激发听众的工作热情（图 2-2-7）。

6. 结束页 小文设想在演讲结束的时候让冒着红红火焰的"火焰口味虾"同时出现在大家眼前。请大家亲口品尝这款新菜品，所以演示文稿的结束页采用的幻灯片形式和标题页是一致的，做到了首尾呼应（图 2-2-8）。

模块二　企业管理必备信息技术素养

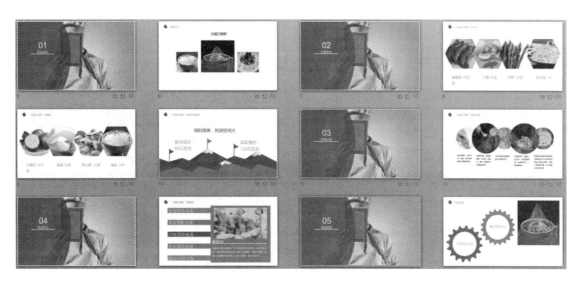

图 2-2-6

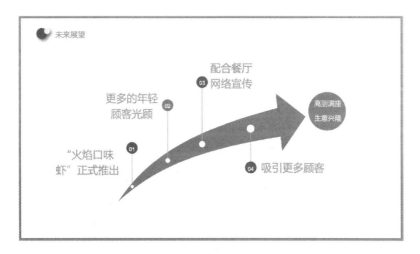

图 2-2-7

图 2-2-8

四、根据内容调整模板

根据演讲稿的内容和结构,小文在选择的演示文稿模板中删除了不必要的幻灯片,保留了模板中的第一页到第四页、第八页到第十一页、第十三页到第十五页、第十八、第十九、第二十一页的幻灯片,如图 2-2-9 所示。

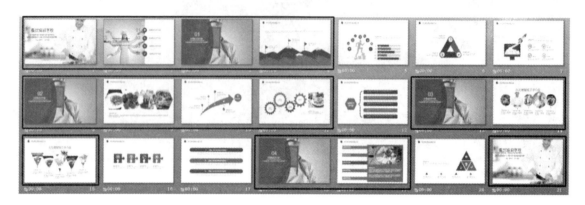

图 2-2-9

然后根据上一步确定的演示文稿的内容,复制必要的幻灯片,将其中的图片和文字做添加、删除或替换的处理,并根据逻辑要求调整幻灯片的顺序,调整后的演示文稿共有 18 页,顺序如图 2-2-10 所示。

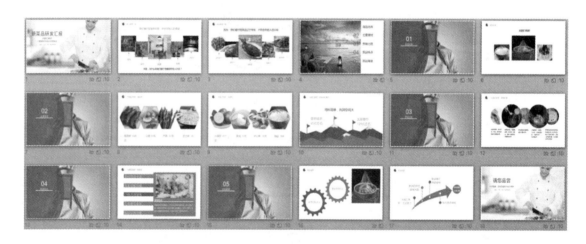

图 2-2-10

五、设计演示文稿的版式及配色

（一）设计原则

演示文稿的版式就是演示文稿每页幻灯片中,图片和文字内容在其中的排列方式。幻灯片的版式要遵循以下的设计原则。

（1）亲密性原则:相关的文字和图片要彼此靠近。

（2）重复和对比的原则:图片和文字等元素在幻灯片中重复出现的同时又富有变化。

（3）对齐原则:图片和文字等元素在幻灯片中的位置要对齐。

（4）留白原则:一页幻灯片中的元素不能安排得过满,要适当留有空白。

（二）设计调整版式及配色

小文选择的模板中对每一页幻灯片的版式已经按照上述原则设计好。图 2-2-11 所示的就是介绍"火焰口味虾"烹饪过程的幻灯片。

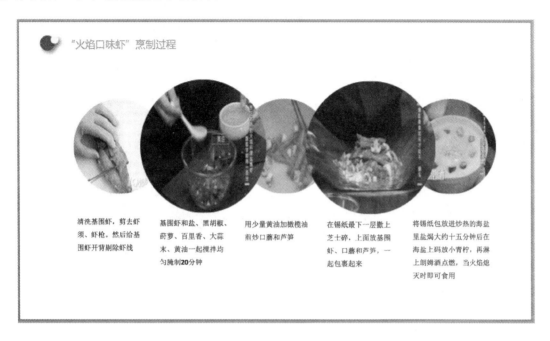

图 2-2-11

每一张说明烹饪过程的图片和用于解释图片内容的文字之间都是彼此靠近的，使观众一目了然，满足了版式设计的亲密性原则。

幻灯片中的五张图片虽然都采用了圆形填充的方式，但是图片的大小不同，满足了版式设计的重复和对比的原则。

与五张图片相对应的五个放置文字文本框的顶端都是对齐的，满足了版式设计的对齐原则。

幻灯片中的图片和文字内容并没有把整页幻灯片填满，满足了版式设计的留白原则。

对于幻灯片中的颜色搭配，演示文稿模板中也是设计好的，如果对幻灯片中的颜色效果不满意，还可以通过在设计菜单中对主题颜色进行调整（图 2-2-12）。

六、进行图文混排制作幻灯片

要对演示文稿模板中不能满足需要的图文位置进行修改，就要进行图文混排制作幻灯片，例如目录页幻灯片，模板中提供的目录页如图 2-2-13 所示。

小文修改后的目录页如图 2-2-14 所示。

为了说明"火焰口味虾"准备在中秋时节推出，小文采用了两幅图片，同时删除了原模板中不必要的图片内容，又增加了一条文字信息。这里要注意，要将表示中秋的图片置于底层，以便不遮挡目录页内容，而且为了让目录页内容更醒目，要降低图片的亮度，更改目录页文字内容的颜色。做好图文混排工作，最主要的是利用图片工具栏的工具对图片的亮度、对比度等进行调整，对图片的样式、排列、大小等进行设置，使得幻灯片中所有的图文内容和谐统一（图 2-2-15）。

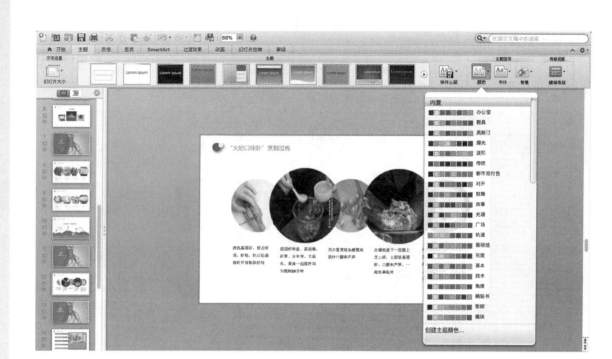

图 2-2-12

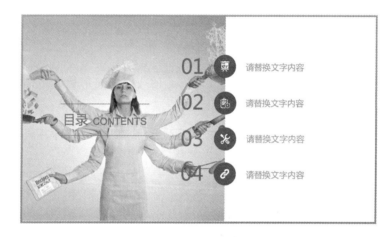

图 2-2-13

图 2-2-14

图 2-2-15

七、设计动画顺序及时间效果

演示文稿模板中的动画效果也是设计好的,一般情况下可以拿来直接使用,但是如果对幻灯片中的内容做了更改,那动画效果也要根据情况做适当的调整。调整方法是点击"动画"菜单打开"自定义动画"窗格,调整幻灯片中每一项内容的动画顺序和效果(图 2-2-16)。

图 2-2-16

八、实现演示文稿的自动播放

要想实现演示文稿的自动播放,首先要根据演讲的速度确定每页幻灯片的显示时间,然后通过动画窗格对每一页幻灯片的换片方式进行设置,不要选择"鼠标单击时",而是选择"在此之后自动出现动画效果",在后面的时间栏中输入每一页幻灯片的显示时间(图 2-2-17)。

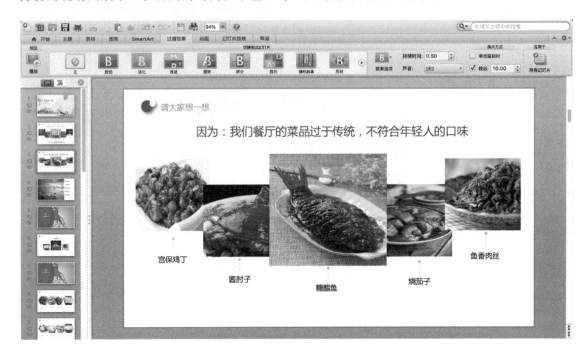

图 2-2-17

效果展示

菜品研发汇报效果展示请扫二维码。

菜品研发汇报效果展示

评价检测

演示文稿制作任务评价表

评价内容	评 价 要 求	评 价 指 标
内容要求	1.演示文稿的主题明确、结构合理、逻辑清晰。	□不合格□合格□优秀
	2.演示文稿的界面美观简洁、色彩搭配和谐、版式符合设计规则。	□不合格□合格□优秀
	3.演示文稿中的字体字号恰当、动画效果得当、能实现自动播放。	□不合格□合格□优秀

拓展训练

请依据汇报文稿内容,演示文稿自动播放或手动控制翻页配合汇报。可以邀请小伙伴一起营造演讲氛围。汇报要求如下。

(1)内容紧扣主题,汇报全程脱稿。

汇报的过程中要紧扣主题,不能跑题,汇报全过程中不能看演讲稿和演示文稿。

(2)语言表达流畅规范,激情昂扬有感染力。

要用标准的普通话进行汇报,口齿清晰,声音洪亮,语气语调张弛有度,能激发听众的热情。

（3）汇报时表情手势自然，仪容仪表大方得体。

汇报过程中要精神饱满，表情手势自然、不做作，服饰仪表整洁，言谈举止自信，大方得体。

（4）汇报富有感情，现场气氛良好。

汇报过程不能自说自话，要和听众有眼神交流，有互动，让全体听众都能融入演讲的氛围之中。

项目二　员工销售培训

情境故事

餐饮市场竞争日益激烈，为了提高在行业中的竞争优势，进一步加强餐饮工作，提升技能水平，突出餐饮特色，最大限度地满足顾客的需求，提高顾客满意度，餐厅制订了新菜品销售培训制度。小文担任新菜品销售培训组组长，如何向顾客推荐新菜品"火焰口味虾"，让来餐厅就餐的顾客了解并喜欢这款新菜品，小文开始对点菜员进行关于新菜品的销售培训工作。

项目描述

制订新菜品销售的培训计划，根据培训计划制作培训演示文稿，使得点菜员熟悉菜品名称、用料、烹制过程、菜品的特点和寓意，以便向顾客推荐。

能力目标

（1）明确培训要求，制订培训计划。

（2）根据培训内容和考核标准，制作培训演示文稿，符合培训要求。

项目图解

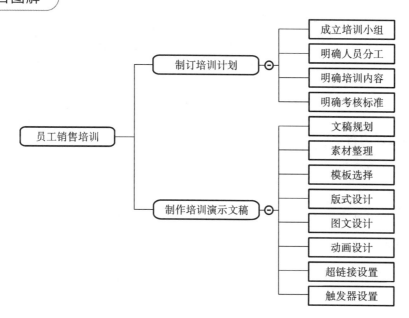

项目实施

本项目可以分为两个任务,分别是制订培训计划、制作培训演示文稿。第一个任务是制订培训计划,它是培训的重要依据,也是制作培训演示文稿的依据。

任务一 制订培训计划

标准规范

(1) 成立培训小组,明确责任分工。新菜品销售培训小组人员构成包括组长、副组长和组员,每个成员都要有明确的责任分工。

(2) 明确培训内容,明确考核标准。主要针对新菜品的名称、用料、烹制过程、菜品的特点、寓意和价格六个方面,对员工进行培训。点菜员在规定时间之内流利回答出上述六个方面的内容,考核通过。

工作流程

成立培训小组 → 明确培训内容 → 明确考核标准

一、成立新菜品销售培训小组

在成立新菜品销售培训小组之前,小文要思考以下问题。

(1) 谁负责培训点菜员?新菜品是由小文和研发小组的其他成员共同开发的。小文和小朋两个人共同担任新菜品销售培训小组的组长,大堂经理担任新菜品销售培训小组的副组长。

(2) 小文的职责是什么?小文负责点菜员培训演示文稿的制作工作。

(3) 小朋的职责是什么?小朋负责监督整个培训过程,制定考核标准。

(4) 大堂经理的职责是什么?大堂经理负责点菜员的具体培训和考核工作。

明确人员责任分工:小文和小朋商议后,人员责任分工如图 2-2-18 所示。

职务	人员	责任分工
组长	小文	制作点菜员培训演示文稿
	小朋	监督培训过程,制定考核标准
副组长	大堂经理	点菜员的培训和考核工作

图 2-2-18

二、明确培训内容

培训内容应包含如下六个方面。

(1) 新菜品的名称。

(2) 新菜品的用料。

(3) 新菜品烹制过程。

(4) 新菜品的特点。

(5) 新菜品的寓意。

(6) 新菜品的价格。

三、明确考核标准

培训之后,每一个点菜员都要在规定时间之内准确并且流利地说出上述六项内容,考核即通过。有一项内容未在规定时间之内给出准确答案,考核不能通过。未通过的内容要重新培训。

(1) 一秒之内答出新菜品的名称:火焰口味虾。

(2) 十秒之内答出新菜品的用料:主料是基围虾、口蘑、芦笋和芝士碎。辅料和调料包括小青柠、开心果、黄油、海盐、大蒜、莳萝、百里香、黑胡椒、橄榄油、朗姆酒。

(3) 二十秒之内答出新菜品烹制过程:首先要清洗基围虾,剪去虾须、虾枪。然后给基围虾开背剔除虾线。将经过处理的基围虾和海盐、黑胡椒、莳萝、百里香、大蒜末、黄油一起搅拌均匀,进行腌制。口蘑和芦笋作为配菜,先用少量黄油加橄榄油煎炒。接下来在锡纸最下面一层撒上芝士碎,芝士碎上放腌制好的基围虾,最后放上炒好的口蘑和芦笋一起严密地包裹起来。将锡纸包放进炒热的粗粒海盐里进行盐焗,大约十五分钟。

(4) 十秒之内答出新菜品的特点:这款菜的特点是食材营养丰富、荤素搭配均衡、口味清淡健康、色彩激发食欲、做法中西合璧,食用方法独特。

(5) 撰写演讲稿,根据演讲稿制作配合演讲用的演示文稿,实现演示文稿的自动播放,最终进行新菜品研发汇报。三秒之内答出新菜品的寓意:日子红红火火,事业蒸蒸日上。

(6) 一秒之内答出新菜品的价格:"火焰口味虾"价格 128 元。

▶ 效果展示

点菜员培训计划效果展示请扫二维码。

▶ 评价检测

点菜员培训计划效果展示

制订员工销售培训计划任务评价表

评价内容	评价要求	评价指标
内容要求	1. 培训小组成员分工明确。	□不合格□合格□优秀
	2. 列出员工销售培训内容。	□不合格□合格□优秀
	3. 员工销售培训考核标准清晰。	□不合格□合格□优秀

任务二 制作培训演示文稿

▶ 标准规范

(1) 主题明确、结构合理、逻辑清晰。选择的用于制作演示文稿的模板应适合做点菜员培训。标题幻灯片能准确地表达演示文稿的主题。演示文稿的内容围绕主题展开,结构合理,顺序符合逻辑。

(2) 版式美观简洁、色彩搭配和谐、符合设计规则。演示文稿的版式应该美观简洁、色彩搭配和谐,幻灯片中的图文元素布局符合版式设计规则。

（3）图文应用恰当、动画效果得当、能实现幻灯片跳转。演示文稿中图片、文字的字体、字号、样式使用恰当。幻灯片中对象的动画效果及出现顺序设置合理。考核页幻灯片中针对每一个问题建立超链接，通过超链接能实现幻灯片跳转。

工作流程

规划设计→整理素材→选择模板→确定内容和结构→调整模板→设计版式及配色→图文混排→设计动画效果→建立超链接

一、规划设计演示文稿

点菜员培训演示文稿的作用是针对新菜品的名称、用料、烹制过程、菜品的特点、寓意和价格六个方面，对员工进行培训及考核。所以演示文稿应包含培训内容幻灯片和测试、考核页幻灯片。主考核页要针对以上六个方面对点菜员进行提问，回答符合标准考试通过，不符合标准跳转到相关的培训内容页幻灯片针对该内容再次培训，培训后跳转至该内容的测试页幻灯片，测试通过后跳转至主考核页幻灯片，继续回答问题，直到所有问题都回答正确，考核通过（图 2-2-19）。

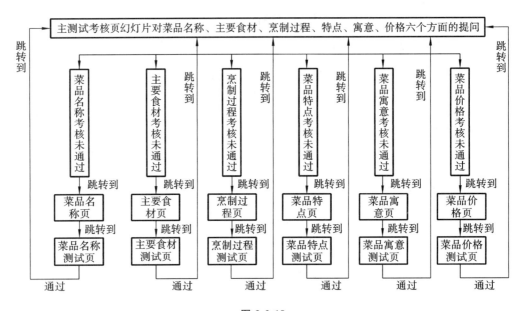

图 2-2-19

二、演示文稿所需素材整理

演示文稿中要用到的图片和文字素材要收集并整理好，并建立不同层级的文件夹来保存这些图片和文字。小文的演示文稿所需的素材是按如图 2-2-20 所示的方式建立的。

小文请专业的摄影师拍摄制作新菜品汇报演示文稿需要的图片，自己根据演讲稿的内容整理关于新菜品的文字资料，并把这些图片和文字分别存放到不同的文件夹中，然后开始制作演示文稿。

三、选择演示文稿模板

小文把进行新菜品研发汇报时制作的演示文稿作为点菜员培训演示文稿的模板（图 2-2-21）。

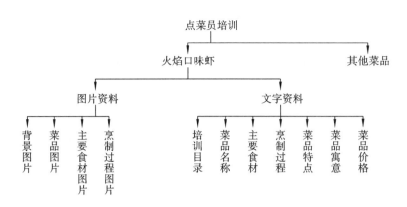

图 2-2-20

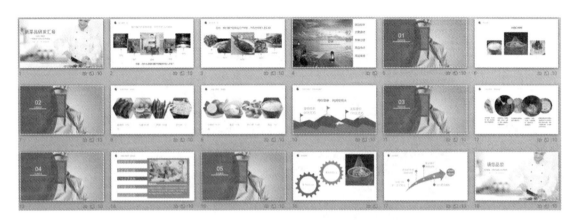

图 2-2-21

这个模板中的配色和版面布局能满足作为点菜员培训演示文稿的需要。

(1) 模板中的色彩搭配和谐、界面美观简洁。

(2) 文字与图片的版面布局符合靠近、对齐、留白等设计原则。

小文只要对这个模板稍加修改,删除不必要的部分和动画效果,再将幻灯片的顺序进行调整,添加考核页幻灯片,建立超链接实现幻灯片之间的跳转,就可以作为点菜员培训的演示文稿。

四、确定演示文稿结构和内容

根据培训内容制作的点菜员培训演示文稿幻灯片应该包括如下内容。

1. 标题页 根据演示文稿的标准规范,标题页中要有演示文稿的主题,还要说明演示文稿的制作人姓名及职务(图 2-2-22)。

2. 目录页 目录页能让点菜员了解要进行关于新菜品哪些方面的培训(图 2-2-23)。

3. 内容页 针对新菜品的名称、主要食材、烹制过程、菜品特点、寓意、价格六个方面分别制作幻灯片。

小文根据目录的顺序分别将新菜品的六项内容制作成幻灯片,让点菜员了解并掌握这些内容(图 2-2-24)。

4. 可跳转的考核页 最后一页为考核页,对以上培训的六项内容进行考核,在规定时间之内回答问题正确,考核通过,否则通过点击问题的超链接演示文稿跳转到对应内容页(图 2-2-25)。

图 2-2-22

图 2-2-23

图 2-2-24

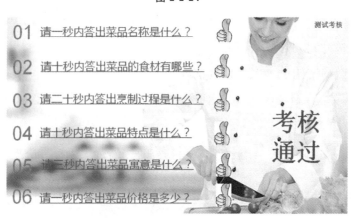

图 2-2-25

五、根据内容调整模板

根据点菜员培训演示文稿的内容,小文删除了新菜品汇报演示文稿中不必要的幻灯片,保留了标题页、目录页、菜品名称页、主要食材页、烹制过程页、菜品特点页、菜品寓意页,增加了菜品价格页和考核页,并将新菜品汇报演示文稿中用两页内容介绍的主要食材合并到一页里(图 2-2-26)。

图 2-2-26

调整后的演示文稿共有 22 页,顺序如图 2-2-27 所示。

图 2-2-27

六、设计演示文稿的版式及配色

演示文稿的版式仍要符合上一项目中介绍的四个原则。

(1)亲密性原则:相关的文字和图片要彼此靠近。

(2)重复和对比的原则:图片和文字等元素在幻灯片中重复出现的同时又富有变化。

(3)对齐原则:图片和文字等元素在幻灯片中的位置要对齐。

(4)留白原则:一页幻灯片中的元素不能安排得过满,要适当留有空白。

配色沿用新菜品研发汇报演示文稿的配色方案即可。

七、进行图文混排制作幻灯片

图文混排的方法和注意事项在项目一中有详细的介绍,这里不再赘述。

八、设计动画顺序及时间效果

由于点菜员培训演示文稿中的主要目的是要做员工培训，太多的动画设计可能会分散员工的注意力，所以可以删除不必要的动画效果。删除幻灯片中对象的动画效果方法很简单，如图 2-2-28 所示。

图 2-2-28

选择"动画"菜单中的"自定义动画"，打开"自定义动画"窗格，选择其中的动画内容，单击"删除"按钮即可。在"自定义动画"窗格中还可以调整动画的顺序、设置更改动画的效果、设定动画的开始时间和速度等。

图 2-2-29 所示测试页中的动画效果：六道题目按顺序在鼠标单击后出现，每道题回答正确后单击鼠标出现"👍"，六道题目全部答对，出现"考核通过"四个字，某个题目不会回答或者不正确，单击该题目的超链接，幻灯片就会跳转到演示文稿中的相应内容页。

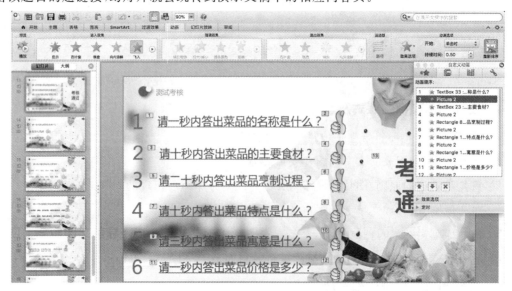

图 2-2-29

九、建立超链接以实现幻灯片之间的跳转

在考核页幻灯片中,每一道考核题都建立了超链接,点击超链接的文字或图形,演示文稿就会跳转到相应的幻灯片。建立超链接的方法如下(图2-2-30)。

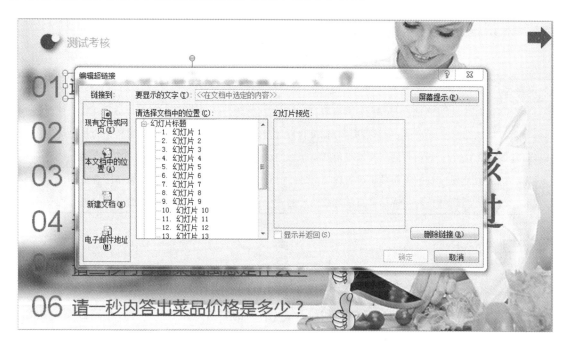

图 2-2-30

选择建立超链接的文字或图形,点击鼠标右键,在快捷菜单中选择"超链接"打开"插入超链接"对话框,然后选择链接到的位置即可。

当演示文稿跳转到超链接的幻灯片后,还要保证从链接的幻灯片回到针对这个问题的测试页再次回答问题,可以在幻灯片中设置一个返回按钮,具体做法是:插入一个图形,然后为这个图形建立超链接,如图2-2-31所示,插入一个"➡"然后为它建立超链接,连接到测试页幻灯片。

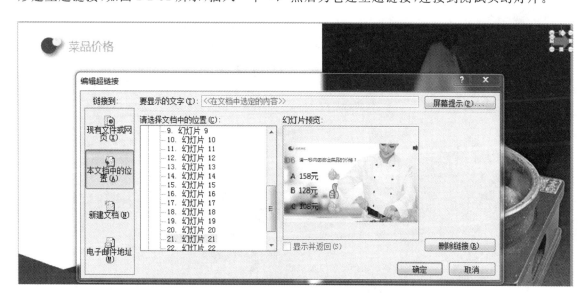

图 2-2-31

培训的过程由大堂经理负责,每一位点菜员经过培训,考核通过后才能上岗。

▶ 效果展示

点餐员培训效果展示请扫二维码。

▶ 评价检测

制作员工销售培训演示文稿任务评价表

评价内容	评价要求	评价指标
内容要求	1. 主题明确、结构合理、逻辑清晰。	□不合格 □合格 □优秀
	2. 版式美观简洁、色彩搭配和谐、符合设计规则。	□不合格 □合格 □优秀
	3. 演示文稿内容的图文清晰恰当。	□不合格 □合格 □优秀
	4. 演示文稿的动画效果设置得当。	□不合格 □合格 □优秀
	5. 演示文稿能实现培训页和考核页幻灯片之间的跳转。	□不合格 □合格 □优秀

▶ 拓展训练

拓展任务:触发器的运用——为幻灯片中的对象添加触发功能

在针对"火焰口味虾"的售价测试页幻灯片中,菜品的售价应该是128元,在测试页中给出了三个答案:158元、128元、108元。当用鼠标单击128元时触发" "的动画效果出现,选择158元或者108元时触发" "的动画效果出现。这种触发的动画效果是如何做到的呢?我们以单击158元触发" "的动画效果为例说明:"A 158元"在幻灯片动画窗格中的名称是"TextBox 33"," "在动画窗格中的名称是"图片19"(图2-2-32)。

图 2-2-32

首先为图片建立某种动画效果,例如:"飞入"效果如图 2-2-33 所示。

图 2-2-33

然后在右侧的"自定义动画"窗格中双击该动画标志,在弹出的对话框中单击"计时"选择卡,选择"触发器"的"单击下列对象时启动效果"选项,在右侧的下拉框中选择"TextBox 33:A 158元",然后点击"确定"按钮即可,如图 2-2-34 所示。

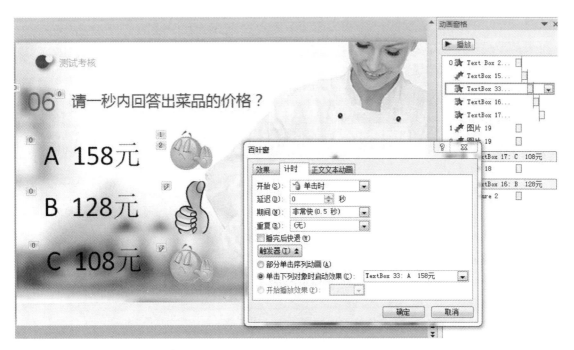

图 2-2-34

用同样的方法为幻灯片中的"B 128 元"设置触发动画" ",为幻灯片中的"C 108 元"设置触发动画" "。针对某一个问题的测试页通过后,都要通过此页幻灯片中的"➡"返回按钮建立的超链接回到主测试页幻灯片,重新回答针对菜品的六个问题,六个问题的答案全部合格,考核才能通过。

模块三
企业网络营销必备信息技术素养

◆学习导读

网络营销是借助互联网、计算机通信和数字交互式媒体，运用新的营销理念、新的营销模式、新的营销渠道和新的营销策略，为达到一定的营销目标所进行的经营活动。它贯穿于网络经营的全过程，从信息发布、市场调查、客户关系管理，到产品开发、制订网络营销策略、网上采购、销售及售后服务都属于网络营销的范畴。网络营销已经不是市场营销的一种手段和一个工具，而是一种新的营销观念。

民以食为天，餐饮行业虽然一直被认为是生活不可或缺的行业，但受场地、装修、服务、品牌的制约非常大。随着互联网的发展，顾客选择餐厅的方式也由口口相传转变为网络影响。如今的餐饮行业也在利用着网络的力量积聚客源，网络营销是很多商家选择的方式，那么餐饮企业应该如何进行网络营销呢？

餐饮企业的网络营销策略主要有两种。

第一种是由传播者发布信息，吸引并引导用户参与其中，引发关注、评论以及转发，并以此吸引更多的人参与，在整个过程中，用户不仅是企业信息的接收者也是传播者、享用者以及受益者。通过用户自发地参与，可以使企业用较少的投入获取较多的收益。

  第二种是将以前的预定、外卖业务转移到线上，开设微店、微餐厅、智慧餐厅等多种类型的线上餐厅，减少服务员工作量，提高处理效率，轻松配置更多优惠活动吸引顾客。方便快捷地开展预定和外卖业务。省时省力，极大地降低餐厅的运营成本。通过线上餐厅，提供丰富的优惠活动，提升会员活跃度和餐厅销售业绩。

  只要餐厅网络营销方法得当、产品质量过硬、服务水平高，那么提升餐饮品牌的知名度、提高经营者的利润必然水到渠成。

专题一

公众号建设

项目一　公众号的创建

▶ 情景故事

小文和小朋在实践过程中深刻地认识到餐厅除了实体店铺的经营之外,还需要顺应市场需求,拓展线上经营业务。他们首先考虑的就是利用微信进行推广,建立微信公众号进行推广就是非常常见的一种形式。当下无论是大小公司、组织或个人都争先恐后地为自己创建公众号,希望能够在微信市场上获得一席之地。

▶ 项目描述

为餐厅的烘焙蛋糕坊建立一个微信公众号,用来介绍烘焙的基础知识,展示蛋糕制作的食谱和视频,与客户互动。

▶ 能力目标

(1) 学会创建个人订阅号的方法。
(2) 学会设置个人订阅号自动回复功能和自定义菜单的方法。
(3) 学会创建并发送图文信息。
(4) 了解微信公众号日常维护的内容。

项目图解

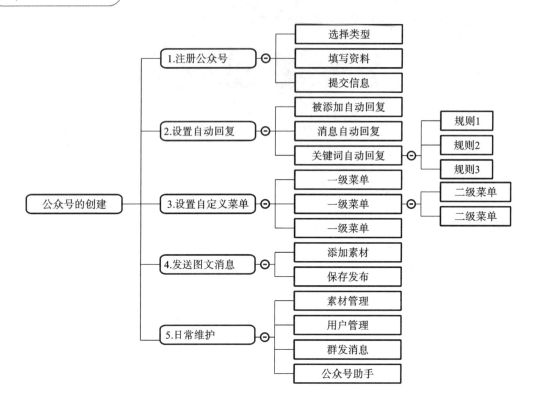

项目实施

微信公众号可以让商家在微信平台上,实现与特定群体的文字、图片、语音、视频的全方位沟通、互动。微信公众号使商家增加了宣传业务的渠道。建立公众号不需要太多的费用,仅仅只需要一个人把产品或者业务整理上线即可,节约人力成本。它以便捷灵活的操作方式,迅速受到广大商家的青睐和重视,成为商家对外传播品牌文化、进行市场营销的重要途径。微信公众号有很多种,小文创建的是一个最基本的个人订阅号。

任务 创建个人订阅公众号

标准规范

（1）能够成功注册个人订阅号。
（2）能够成功设置自动回复功能。
（3）能够设置结构清晰的二级自定义菜单。
（4）能够使用文字、图片、视频等素材创建并发布文章。
（5）能够简单描述公众号日常维护的内容。

工作流程

注册公众号 → 设置自动回复 → 设置自定义菜单 → 发送图文信息 → 日常维护

一、注册公众号

近年来微信等新兴、便捷的通信工具迅速发展,2019年微信用户总量已突破11亿。而微信官方所提供的微信公众平台作为一个稳定可靠的宣传推广媒介,可以实现文字文本、图片、语音等信息与订阅者之间的快速通信,极大地改变了传统宣传的单一指向性模式,为宣传工作注入新的活力。

知识链接

什么是微信公众号

微信公众号是开发者或商家在微信公众平台上申请应用账号,该账号与QQ账号互通,通过公众号,商家可在微信平台上实现和特定群体的文字、图片、语音、视频的全方位沟通、互动,形成了一种主流的线上线下微信互动营销方式。

微信公众号是一个与客户沟通的平台,通过一对一的推送,可以与用户开展个性化的互动活动,提供更加直接的互动体验。用户需要什么或想咨询什么问题可以直接在微信公众号上交流,发表自己的意见,或者直接在微信公众号上购买想要的产品或者服务。

企业为什么要使用微信公众号呢?首先,公众号是移动互联网的发展趋势。据2019年1月9日公布的《2019微信年度数据报告》显示,微信月活跃账户数超过11亿。而消费者是企业追逐的目标。其次,微信具有黏性和使用惯性,微信首先是一款通信沟通工具,实时通信的特性决定了其使用价值,朋友圈的分享使社会化关系代替了点对点的交互,使其更具影响力和控制力。基于关系网的微信,其用户黏度相当大。

用户在使用公众号服务前需要注册一个微信公众账号。微信公众账号可通过QQ号或电子邮箱账号进行绑定注册。

按下列步骤,结合微课视频,完成公众号的注册。

(1)登录微信公众平台官网,点击立即注册(图3-1-1)。

图 3-1-1

(2)选择需要注册的账号类型。

小文目前只能以个人名义注册,这里选择订阅号,可以针对个人用户(图3-1-2)。

图 3-1-2

> **知识链接**
>
> **微信公众号的类型**
>
> 微信公众平台的公众号主要有三种类型：服务号、订阅号、企业号。
>
> （1）服务号：主要偏向于服务交互（类似银行，114，提供服务查询），认证前后都是每个月可群发四条消息。
>
> （2）订阅号：主要偏向于为用户传达资讯（类似报纸杂志），认证前后都是每天只可以群发一条消息。
>
> （3）企业号：主要用于公司内部通信，需要先有成员的通信信息验证才可以关注成功企业号。
>
> 如果想简单地发送消息，达到宣传效果，建议可选择订阅号；如果想进行商品销售，进行商品售卖，建议可申请服务号；如果想用来管理内部企业员工、团队，对内使用，可申请企业号。

（3）按照要求填好资料，并继续下一步的操作（图 3-1-3）。

（4）选择账号的主体类型。

商户在注册的时候，有以下几种账号主体类型（表 3-1-1）。企业用户可以参考组织机构代码证上的机构类型，来选择公众平台注册的主体类型。

表 3-1-1

社 会 名 称	要求的组织机构代码证的类型	选择公众平台的类型
个体工商户	个体户	企业类型
企业公司类	企业法人、企业非法人、个人独资等	企业类型
医院、学校	社团法人、民办非企业、工会法人等	其他组织类型
政府	事业单位法人、机关法人、机关非法人等	政府类型
媒体报社、新闻机构类	机构所属性质为：电视广播、报纸、杂志、网络媒体等	媒体类型

图 3-1-3

①如果组织机构代码证上机构类型为企业法人、企业非法人等,就不能选择其他组织类型进行登记。

②企业号注册主体为"注册组织",相当于订阅号或服务号的"其他组织"。

③在这里小文选择"个体工商户"类型,因此要人工验证完成公众账号的注册。

(5)确定公众号类型。

公众号类型一旦确认,后面就不能再进行修改了(图 3-1-4)。

图 3-1-4

(6)填写好个人真实信息,并点击"确定"按钮(图 3-1-5)。

(7)填写公众号的具体信息,这里小文的账号名称为"文文的烘焙坊",功能介绍为"关于面包、蛋糕、饼干等中西式糕点的制作、零售",选择运营地区,点击"完成"按钮(图 3-1-6)。

(8)点击"前往微信公众平台"。小文的公众号就建立好了(图 3-1-7)。

(9)微信公众号的认证。

(a) 　　　　　　　　　　　　　(b)

图 3-1-5

图 3-1-6

图 3-1-7

微信公众号认证的目的是微信公众平台确保公众账号信息的真实性、安全性,目前提供给微信公众号进行微信认证的服务。由于小文注册的是个人订阅号,因此不具备微信公众号的认证功能。没有经过认证的公众号缺少一些实用功能。

①微信认证后,可以获得更丰富的高级接口,向用户提供更有价值的个性化服务。

②微信认证后,用户将在微信中看到微信认证特有的标识。除此之外,微信公众账号认证和未认证在功能上的区别如下。一是作用不同:经过认证的,其他人新注册的微信号不能重复,重复了也申请不了;没有经过认证的,当其他人新注册的微信号重复时,可以提交认证资料,通过后,这个名字就属于其他人了。二是付款方式不同:经过认证的,有在线付款、收款的功能;没有认证的,没有在线付款、收款的功能。

③目前个人类型公众号暂时不支持微信认证。所以在这里只是了解关于认证的功能即可。政府及部分组织(基金会,国外政府机构驻华代表处)免收认证费用;其他企业类型的用户认证需要缴纳年费。

注册之后的界面如图3-1-8所示。请大家和小文一起建立起自己的微信公众号,在微信中搜索到并关注它,成为自己的第一个"粉丝"吧。

图 3-1-8

二、设置自动回复功能

小文发现当新关注某个公众号时,会第一时间收到一条该公众号的回复信息,这个信息一般是欢迎信息、店铺信息、客户常见问题回复等。通过编辑内容或关键词规则,可以快速进行自动回复设置。关闭自动回复之后,将立即对所有用户生效。自动回复有三种类型:被添加自动回复、消息自动回复和关键词自动回复。

(一)被添加自动回复

这是为新关注用户设置欢迎信息的地方,每当有新用户关注时,系统就会自动发送设置的内容给用户。这里的设置很重要,所有用户都是通过欢迎信息来了解学习使用平台的(图3-1-9)。

图 3-1-9

欢迎信息尽量不要把所有信息或设定好的所有关键字都写出来,一开始信息量太大会"吓跑"用户,所以放些主要的查询关键字就可以了,小文这里先设置了"欢迎来到文文的烘焙坊!这里集手工烘焙、教学于一体,用自然美味的烘焙产品陪伴您的每一天!"这样的话语,让用户第一时间了解这个公众号的功能,然后再增加一些具体的餐厅电话、地址等信息,方便用户快速定位和沟通。

欢迎信息内容尽量不要超出一屏,最好多分段,最长的段落不超过 3 行,多空行。可以放一些经过排版的艺术文字内容,让欢迎信息更个性,还可增加一些蛋糕、彩带等图标烘托气氛等。

(二)消息自动回复

设置消息自动回复后,用户发送任何微信消息时,都自动回复设置好的文字、语言、图片、视频、语音等,这里小文设置成了前面制作的菜品促销宣传单的电子图片(也可以是介绍图文或者视频)。另外如果用户发送一些没有在后台设定好的关键字或无效信息,系统就会发送这些内容给用户,用于提醒和帮助用户使用正确的关键字进行查询。所以这里也是必须要设置的,否则当用户发送一些没有设置的关键字,系统是不会反馈任何信息给用户的,这样会给用户一个错觉,感觉该公众号不能用了,从而导致取消关注。

(三)关键词自动回复

关键词自动回复是微信公众号中的一个核心功能,移动互联网的时代,大家都希望企业展示给用户一种个性化的体验,所有需要实现交互的内容都是在这里添加,可以设定关键字绑定要介绍的素材内容,也可以是一些用户感兴趣的问题回复,用户可以通过关键字来精准查找需要的信息(图 3-1-10)。举个例子来说,大家拨打电信运营商客服电话会出现"话费查询请按1,充值缴费请按2,套餐剩余数查询请按3"等语音。同样的,小文设置关键词自动回复类似,让关注小文公众号的用户可以自己主动地了解想知道的信息,不需要都通过人工解答,在减少人力成本同时也让用户体验感升级。与前面两种回复功能类似,这里也可以设置文字、语言、图片、视频、语音等信息,同样的内容建议不要太长。

登录微信公众平台,点击添加自动回复,选择"关键词回复"(图 3-1-11)。

图 3-1-10

图 3-1-11

第一步,选择"添加规则",设置规则名称"回复 2 查看怎么使用",规则名最多设置 60 个字,保存好了之后再选择添加规则,可以设置多个自动回复规则。

第二步,选择"添加关键词",输入关键词"2"。

第三步,设置回复的内容,可以选择文字、图片、视频等然后编辑好。

第四步,此处可选择"已全匹配"和"未全匹配"。"已全匹配"就是用户只能输入"2"才能触发回复;"未全匹配"就是只要输入包含了"2"的就会触发回复,输入没有包含"2"的就不会触发回复。

第五步,最重要的一步,必须点击"保存"按钮,不然功夫就白费了。

到此,关键词自动回复已经设定好了,但是如何实现交互体验呢?这就需要和"被添加自动回复"与"消息自动回复"交互使用了。根据关键词回复规则,把关键词回复的内容情况在"被添加自动回复"和"消息自动回复"中编辑好,这样用户在关注公众号或者发消息的时候,此条消息会被推送给用户,然后用户输入"1""2""3""4"就可以了解想知道的内容了。

请大家和小文一起设置这几种自动回复,并在自己的公众号上发送消息测试,看看回复的信息是否与设想的设置结果一致。

三、设置自定义菜单

自定义菜单能够帮助公众号丰富界面,让用户更好更快地理解公众号的功能。目前自定义菜单最多包括 3 个一级菜单,每个一级菜单最多包含 5 个二级菜单。一级菜单最多 4 个汉字,二级菜单最多 7 个汉字,多出来的部分将会以"..."代替。在预览框中实时的查看设置效果。当设置完成后,选择保存并发布,就可以在手机端查看创建的菜单效果了。

小文在这里设置的三个一级菜单分别是"微信商城""活动专区""烘焙学堂",其中"活动专区"下的二级菜单分别是"新品推荐""最新活动",设置后的公众号界面如图 3-1-12 所示。

图 3-1-12

小文在菜单内容里设置下列动作:

(1)"发送信息":可发送信息类型包括文字、图片、语音、视频等。但未认证订阅号暂时不支持文字类型。

(2)"跳转到网页":所有公众号均可在自定义菜单中直接选择素材库中的图文消息作为跳转到网页的对象。认证订阅和服务号还可直接输入网址。这里小文可以把后面要制作的网店链接地址输进来。当用户单击"微信商城"时就可以直接跳转到网店下单购买产品了。

四、发送图文信息

这里的图文信息也叫推文。图文信息是将信息推送给用户,在点击查看全文的时候即可链接至对应的图文内容。

在编辑后台点击"素材管理",在这里就可以添加图文、视频、音频、超链接、小程序、设置投票等内容。小文可以根据内容需要将前面制作好的图片或视频素材添加到这里(图 3-1-13)。

图 3-1-13

保存并发布,就可以在小文的公众号里看到建立好的菜单和图文内容了(图 3-1-14)。

图 3-1-14

下面请大家和小文一起开始设计制作菜单以及图文素材,并用手机互相测试成果吧。

五、日常维护

1. 素材管理　在实践中小文发现,素材管理是一个非常重要的日常工作。管理是微信公众平台中的一个大分类,主要是定期或不定期地群发消息,上传图片、语音和视频,并对这些上传的内容在消息素材的图文消息中进行进一步的编辑(图 3-1-15),编辑的消息包括标题、封面、正文,在编辑完成后可以通过发送预览功能,将预览发送给好友,查看最终的效果。若效果不好,还可以对其进行修改。对于封片图片的尺寸大小,建议采用 640×360 像素,采用这样的尺寸的展示效果比较好。应定时更新内容,注意这里发布的内容必须是以服务为主,而不是以广告为主,这也是公众号与广告的明显区别,而且公众号的文章质量一定要好而且具有创意。

图 3-1-15

2. 用户管理　在用户管理这个模块中(图 3-1-16),可以给关注的用户进行分组,默认的分组有:未分组、黑名单、星标组,同时还可以通过新建分组按钮来添加新的分组。这个模块还为用户提供了查找功能,这一功能在用户很多的时候用起来很方便。

图 3-1-16

在用户管理中,大家可以通过二维码扫描或在朋友圈关注他人的公众号查找历史消息,找到刚才发布的推文,测试公众号建立情况,并对用户进行分组管理。

3. 消息管理　消息管理这个模块(图 3-1-17)主要有两个功能,一是新建群发消息,二是查看已发送的消息。在新建群发消息中可以选择发送对象,这里发送对象就是前面说到的用户管

图 3-1-17

理中的分组用户,选择发送对象的性别、群发的地区。当选定好群发消息的范围后,就要对发送的内容进行编辑。如果是文字信息,可以直接编辑;语音、图片、视频则需要在素材管理模块中进行上传;点击录音选项可以开始录制语音;图文消息选择则是在素材管理中编辑好的文件。点击群发消息就可进行发送。

4. 公众号助手 公众号助手也是设置模块中的一个选项(图 3-1-18),公众号助手是将公共账号绑定一个私人账号,在私人账号上通过公众号助手发送的消息将被视为此公众号向所有粉丝群发的消息。

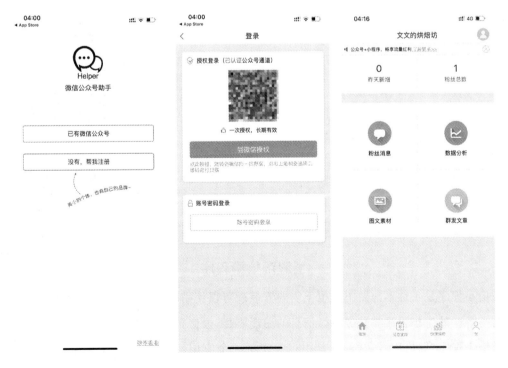

图 3-1-18

在公众号助手中,有大量的关于运营的教程、技巧和案例,还有很多小程序、微商城以及第三方服务商等(收费)(图 3-1-19)。

图 3-1-19

▶ 效果展示

公众号效果展示请扫二维码。

公众号效果展示

▶ 评价检测

创建公众号任务评价表

评价内容	评价要求	评价指标
内容要求	1.成功注册微信公众号。	□不合格□合格□优秀
	2.测试三种自动回复功能。	□不合格□合格□优秀
	3.设计并完善自定义菜单。	□不合格□合格□优秀
	4.图文素材内容要全面丰富。	□不合格□合格□优秀
	5.成功发布推文。	□不合格□合格□优秀
	6.正确描述日常维护内容。	□不合格□合格□优秀

▶ 延伸学习

了解微信小程序

微信小程序是一种不需要下载也不需要安装就可以使用的应用程序,是微信在 2017 年 1 月上线的一个产品。小程序就是嵌入微信里的功能丰富、操作简洁的轻应用。

微信小程序,即应用号,意思就是用户关注了一个应用号,就像安装了一个应用程序一样。这样微信将被打造成一个全新的应用程序商店,而每一个应用号就是一个网页应用程序。小程序是基于 H5 开发的程序,其实是微信提高了自身对于 HTML5 的特性支持能力,开放了更多的系统调用。

总的来说,微信小程序就是把应用程序的功能集成到小程序里面,然后用户就可以在微信里面使用应用程序的基本功能。其主要优势有:①不用安装一些不常用应用程序,直接在微信中就可以实现;②初创公司开发应用程序成本更低;③微信成为应用程序前期推广的重要入口。当小文需要使用小程序时,就可以请第三方软件公司根据需要来进行制作。

拓展训练

拓展任务:使用"365 编辑器"编辑排版推文

微信公众号中的推文至关重要,如果完全靠小文自己手工编辑排版,在内容及版面上肯定会有一定的局限性,因此有很多的第三方平台推出了优秀的编辑器软件,可以辅助小文来编辑排版推文内容。借助第三方的微信编辑器,可以大大提升文章的编辑和排版效率。

那么如何将枯燥的文字编辑成一篇精美的推文呢?下面就以 365 编辑器为例介绍推文排版的方法(图 3-1-20)。

图 3-1-20

365 编辑器是一款在线微信编辑器,它拥有海量正版素材、动图图库,提供文章排版、微信图文美化和公众号内容编辑功能。支持实时预览、一键秒刷、多平台,与微信公众号一键同步。

(1)新建图文素材,界面左侧增加样式中心按钮,点击开启样式中心展示 365 编辑器助手海量素材,点击"素材"即可插入到编辑区。

(2)除了与微信公众平台类似的常规图文编辑外,可以在"模板"处选择整套使用,然后用自己写好的内容替换其中的文字(图 3-1-21)。

(3)也可以在"模板"处选择分块使用,然后在"素材"处选择合适的标题、内容框等来修饰文字(图 3-1-22)。

图 3-1-21

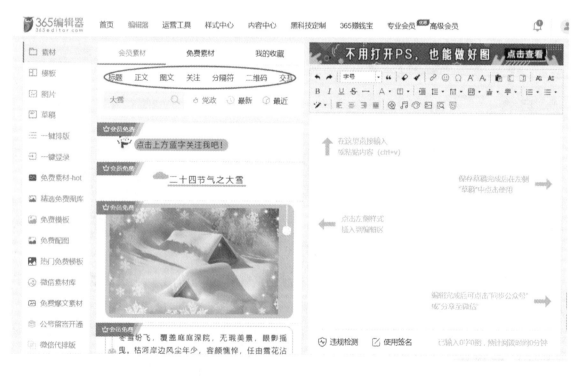

图 3-1-22

(4) 文章编辑好后,点击复制全文,然后到微信平台粘贴即可。

(5) 将文章保存在 365 编辑器中,下次打开后可以继续编辑。

项目二　公众号的运营

≡▶ 情景故事

微信公众号创建好以后,除了能让自己看到之外,更重要的是能够推广出去获得更多的用户关注。怎么样才能让更多的用户看到这个公众号并愿意关注它,成了小文和小朋当前急需解决的问题。他们迫不及待地想要对公众号进行推广和运营,希望通过运营能够尽快吸引用户关注,扩大产品的知名度。

≡▶ 项目描述

深化处理推文内容,并根据自己创建的公众号内容设计一个公众号运营方案流程图。

≡▶ 能力目标

(1) 了解公众号运营的前期准备、中期建设以及后期数据分析工作。

(2) 能够对公众号的推文内容进行深化处理,以增加用户的关注度。

(3) 了解拉新、留存、促销活动等公众号运营推广营销策略。

(4) 能够根据自己创建的公众号内容,设计一个公众号运营方案流程图。从宏观角度把握运营的主要流程和内容,提高管理能力和大局意识。

≡▶ 项目图解

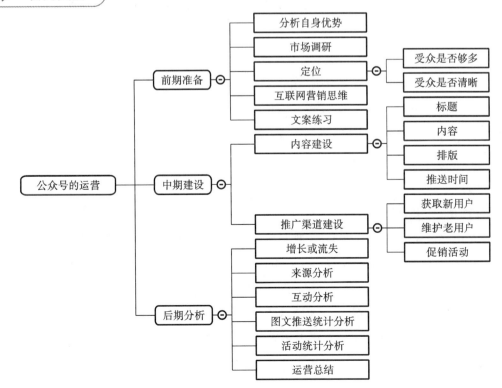

项目实施

公众号的运营门槛低,不需要太多启动资金,非常适合正在创业阶段的小文和小朋。而且在学习和完善运营内容的过程中,可以更好地提高写作能力和思维能力,更好地认识自己,深入地了解行业信息。

任务 设计公众号运营方案

标准规范

(1)推文标题及内容吸引力强,排版美观。

(2)设计的公众号运营方案流程图思路清晰、结构合理。

工作流程

前期准备 → 中期建设 → 后期分析

一、前期准备

通过学习,小文了解到微信公众号的运营大致得经过前期、中期及后期三个阶段。先来看下前期需要考虑的问题。

知识链接

什么是运营

从广义的角度上说,一切围绕着产品进行的人工干预都叫运营。所以在某种程度上,互联网产品公司只有3个业务部门:产品、技术、运营。产品运营这个概念就等于运营,只不过可能是以产品为主,运营为辅。

运营可以分为市场运营、用户运营、内容运营、社区运营以及商务运营几个大类。

(1)市场运营:以市场为手段,通过各种方式,对产品进行的一系列宣传、曝光、营销等行为的干预手段。市场运营多见于需要一定程度"砸钱"的产品,但"砸钱"和市场行为不是等同的,既有不花钱的市场行为,也有"砸钱"的其他运营手段。

(2)用户运营:以人为中心的运营手段。用户运营常见于用户生成内容(UGC)社区,是以贴近用户、团结用户、引导用户为手段的运营方式。网站运营人员非常愿意和用户交流,有的时候都分不清是用户还是官方工作人员。早期运营人员自己的主动使用和干预非常重要。

(3)内容运营:一种是在UGC社区,将用户产生的高质量内容,通过编辑、整合、优化等方式进行加工,配合其他手段进行传播。这与用户运营往往相辅相成,例如A在某平台(如知乎)回答一个问题,回答的内容很精彩,这一平台的用户B把A的回答以及其他人的回答进行整理,然后通过其他平台(如微博等)传播,这就是以内容为中心的运营。还有一种是在一些媒体产品(如澎湃新闻、钛媒体)上以优秀的内容为核心来运营,和前者不同的是自己采编、整理、撰写的成分较多,不一定来自用户。

(4) 社区运营:社区运营指的是面向社区消费者进行的干预活动,如抽奖、投票、转载一些好的文章到社区里引发讨论等。这类的工作主要就是活跃整个社区,引起大家关注相关话题。

(5) 商务运营:这类方式多见于一些商务 B2B 的产品,分为商务拓展(BD)和销售两种。销售是直接卖产品,BD 更多的是互惠互利的一些合作。这都是手段,目的都是为了吸引用户、留住用户。很多企业级产品运营都是以这种运营方式为主要手段的,如吸引商家入驻、吸引企业团队来使用等。

(一) 分析自身优势

公众号运营的初期需要充分地了解自身优势,分析自己的能力,结合自身人生阅历看自己在哪一领域可以有丰富的经验和知识储备,这种东西很稀缺,很有价值。例如:小文自身有厨师经历,自己本身喜欢餐饮行业,熟知各种菜品,那么相对于其他管理者而言,更加熟悉自身行业的特点,了解产品内涵,这就是一般人无法越过的专业壁垒,能够为别人提供无形的价值。找到自己的闪光点,输出的内容含金量就高。只要有用户群体,有需求,就有市场。

(二) 市场调研

小文确定好大致方向和涉及领域后,需要分析市面上与自己领域重叠的部分,分析其他同类公众号里面的高赞文章、浏览量最多的文章,然后分析文章的主题、目标用户、解决了用户的哪些需求、阅读数量、点赞数量,以及话题量、话题热度、用户范围等。这一步是为了验证市场接受度、受众的多少,能对自己的内容输出领域有一个深入的了解。

比如小文的蛋糕烘焙坊要想获得更多关注,需要先了解市面上现有的烘焙坊公众号内容,用思维导图记录下来每家的特点、吸引大家的地方,解决了用户的哪些方面的需求,哪些文章的阅读、点赞数量更高,通过调研和学习,提升自己的营销水平。

(三) 定位

通过市场调研后,前辈们已经验证了小文的产品在市场的认可度、用户群体,接下来就得确定公众号的定位了。

市场中的每一款产品都会有它的目标用户,产品的更新迭代都是紧紧围绕用户而来的。如果把个人公众号当作是一款产品,那么读者就是目标用户,公众号的内容的定位肯定也要围绕着用户展开。下面给大家提供两个维度去做定位。

(1) 受众是否够多。一旦定位的目标用户或受众的基数不足,范围不够广,就算文章写得再好,运营工作做得再出色,很可能是巧妇难为无米之炊。比如小文做餐饮类的公众号,如果侧重在烤鸭制作上,很可能收效甚微,因为自己在家制作烤鸭的人很少,但是如果换成烘焙类的内容的话,受众就会多很多。

(2) 受众是否清晰。考虑受众是否够多的同时,也要考虑受众是否清晰。当前微信用户十多亿,即使通过一些手段带来了大量用户,但是带来的用户与公众号定位不匹配,随后会大量流失。相对精准和垂直的用户能够产生更大的黏性和忠诚度。所以在选择一个定位方向后,尽量往更细分的领域多去思考。如小文做烘焙类产品的推广,但是并不泛泛地介绍所有烘焙类的产品,而是只做其中的面包产品,那内容可以挖得更深、更专业,目标受众也会更精准一些。

(四)互联网营销思维

在开展运营工作之前,还需要了解互联网营销思维。从事运营工作越久,就越会发现,好的运营是将互联网营销思维和运营操作结合起来的。可以看到网上有很多关于微信公众号运营的文字,里面大都列出了运营的具体操作步骤,但是却难以看出每个操作步骤中蕴含的严谨逻辑。在运营中,互联网营销思维是驱动运营的内在动力,外在的具体操作不过是思维在行动上的具体化。

(五)文案练习

文案一般分为短文案和长文案。例如,短文案是介绍烘焙的某个方面的小知识,长文案就是平常所说的文章。可以多在网上了解同类文章的写作技巧,锻炼自己写文章的能力。

二、中期建设

(一)内容建设

通过学习,小文认识到内容是微信运营的重中之重,必须具有自己的特色才可以吸引关注。一个经常抄袭、没有任何新意的公众号是不会存活下去的。不仅仅在内容上,在标题以及排版上同样需要花费大量的心思和时间去完善,才能为用户提供最佳的阅读体验。基础内容在建设上分为四个部分。

(1)标题:一个好的标题可以让用户迅速地点进来,因为在微信公众号的推送信息或者是朋友圈里,最先看到的就是标题,一篇文章的成功80%来源于标题。在标题的设置上就要精益求精,下面简单介绍什么样的标题更能引起关注。

①有价值的:例如,"让我们终生受用的烹饪方法……""绝对干货,免费获得烹饪技巧的教程"等。

②强调数字的:例如,"10天学会制作面包的秘密""我只用了100元,却通过网络学习赚取1万元,想知道为什么吗?"等。

③让人期待的:例如,"我怎样从一个打工仔变成了企业领导人的""从一个胆小鬼变成了充满自信的路演专家"等。

④警醒的:例如,"你们知道吗? 有些蛋糕不能这样吃"等。

(2)内容:微信运营从业者必须要学会写文章,但是怎么样才能写好一篇文章呢? 每当头脑里充满了想法时,一到落笔就会发现写不出字来,其实写作是有一些基本技巧的。

文章创作会经过"采集资料—整理资料—编辑再创作—内容发布"这一过程。在平时就应该多关注行业的文章,多看新闻、书籍,时刻进行思考与交流,并保持记笔记的好习惯,只有不断地积累才能写出内容。如果实在不知道如何写的话,那就先去看看别人的公众号是怎么做的。关注同行业对手的微信公众号并进行学习。另外,还要多多锻炼自己创作的能力,遵循一定的用户习惯特点,应该经常站在用户的感受上来写文章,这样才能引发用户的认同和分享。

大致方向确定后,还需要进行细节的调整。移动互联网时代,很少有人能耐心地读很长的文字,如果篇幅过长的话人们可能无心查看,也达不到吸纳用户的目的了。所以在编辑时一图搭配两段文字或者三段文字为好。字数 800~1200 字为妙,图片 3 张以内比较合适,图片大小要控制在 50 K 以下,视频不超过 3 分钟。图文信息打开速度影响用户阅读率,这是大家都很容易忽视的问题。

(3) 排版:光注重了文章内容还不够,还要再考虑用户的阅读习惯。文章写完以后忽略了排版,就会给用户造成阅读上的障碍。作为内容创作者一定要学会如何进行排版。大致要求列举如下。

①行间距一般为 1.5~1.75 倍;②段落距调整为行间距的 2 倍;③字体 16 pix 为主;④重点文字突出显示(颜色、大小、粗细);⑤全文颜色统一,不花哨;⑥导语摘要简短;⑦字数不宜过长,多分段。以上步骤完成之后,就进行最后一步了。

(4) 推送时间:微信营销是亲民不扰民,用户可以许可式选择和接受,及时推送对用户有用的信息,才能使用户群稳定,从而渐渐地掌握用户的需求,达到宣传产品的目的。推送时间也是有一定讲究的,推送时间要符合用户的阅读习惯,根据经验,有 4 个时间段可以选择。

①7:00—9:00,用户吃早饭时间、上班坐公交时间。

②11:30—12:30,饭前饭后的阅读时间。

③14:00—16:00,下午工作中途休息时间。

④17:00—22:00,下班以及晚上休息时间。

(二) 推广渠道建设

作为微信公众号的运营者,小文应该想方设法地吸引公众号的精准用户。微信公众号并不公布粉丝数量,所以小文就应该把重心放在获取精准用户并维护的工作上。

小文所做的一切工作都应该是围绕着"获取新用户—维护老用户—促使用户变成铁杆会员"进行。

1. 获取新用户(就是通常说的拉新,吸引拉进新的用户的意思)

(1) 发动周边同事、朋友帮忙宣传公众号。

微信公众号建立后通过微信群发送推文内容和公众号,如公司群、部门群、朋友群,还可分享到朋友圈,让朋友圈里的朋友们帮助推广。

大家查找微信公众号一般都会直接微信搜索公众号名称,其实,以二维码形式来推广微信公众号是非常不错的,大家可以把平台的头像换成二维码图片,在宣传的时候也要带上二维码图片。总之,哪里能放二维码图片的都要放上,引起用户关注。

(2) 电脑微博宣传微信公众号。

可以为微信公众号开通一个微博号,关注相关用户的微博,经常转发、评论、点赞,引导用户关注公众号。

(3) 电脑 QQ 功能宣传微信公众号。

只要会上网的人,几乎都有一个 QQ 号,那么就可以利用 QQ 的相关功能来引导用户关注公众号。比如 QQ 空间、QQ 群都可以。在引导用户关注微信公众号的时候,尽量少打广告,利用一些有效的方法引导用户关注。

（4）利用论坛、社区宣传微信公众号。

论坛有地方论坛、技术论坛、行业论坛等。这些论坛、社区每天都有很多人关注，可以利用这些平台来宣传微信公众号。

（5）转载优质内容、热点话题为公众号增加粉丝。

获取优质内容对于运营公众号来说真的有点难度。不过，还是有方法的。如果大家想找优质的内容，就要多关注同行业的公众号，有好的内容如果允许就可以转载过来，最好留下别人的版权信息。大家也可以利用微信编辑器搜索，寻找和自己内容相关的优质内容，也可以利用微信头条寻找优质内容。

2. 维护老用户（留存） 小文希望的，就是那些关注了公众号的用户，能够永远留下来。但这并不能100%实现。用户往往也会取消关注公众号。

小文从以下3个角度分析用户取消关注的可能原因，然后提出假设并进行验证来解决问题。

（1）内容是否留住了用户。

就算小文每天都在认真选题，如果内容不吸引人，用户仅浏览几秒就退出或者不能得到用户认可，那也是没有留住用户。

①内容是否在同类公众号里面算是比较优质的？

用户会挑内容更加优质的公众号，如果推送内容长期质量很差，取消关注也只是时间问题了。最直接的方法就是需要不断地优化，为公众号增加亮点，比如功能上的、服务上的、内容上的，让用户体验起来更加满意。

②内容是否也在升级？

在这个时代，没有进步就是退步。做公众号也是一样，公众号内容是否跟着行业的变化趋势做了相应的升级？或者是否在原定位之上做了更多的延展？

如果没有，那就比较危险。用户进步了，自己却还在原地踏步，用户当然要走。想要留住用户，就得跟他们一起进步，而且还要进步更多。

③内容是否具有连续性？

新用户第一次看到文章时，觉得不错可能就关注了，但是只是暂时的，他只是想看后续的内容。当他第二次、第三次看到文章，发现垂直度很高，而且是一个系列的，这个时候用户黏性会大大提高。就算之后几次内容没有那么精彩，他也能接受，这才算是真正的"成交"。

（2）用户体验是否做好了。

做公众号和做产品一样，如果体验糟糕，很难留住用户。而对于体验感的打磨是永无止境的，涉及方方面面。但公众号体验感的打造并没有打磨产品那么难，有很多方面小文马上就可以着手优化。

①广告推文是否过多？

第一，需要合理安排广告推文的推送密度。

第二，越是经常推广告，越是要做更优质的内容来回馈用户。

第三，尝试使用用户更喜欢更能接受的形式广告内容。

②是否长期依靠标题博眼球？

每一次这样做都是对用户信任度的消耗,时间长了,用户自然就取消关注了。

③推送频率是否过高,或者太低?

每一个公众号都会有自己的推送时间和推送频率,但是,不要为了推送而推送,如果质量不过关,宁可不推。如果没有那么大的内容产出,或者精力有限,可以通过降低推送频率来保证推送质量,并不是每天推送就会留住用户,相反,坏的内容其实就是在赶他们走。

④是否经常不回后台消息?不回复留言?

用户发消息或留言如果收不到回复,很大概率会取消关注。特别是留言版块,一定得好好利用,该回复的回复,该解答的解答。

⑤推文的核心亮点是否容易找到?

碎片化阅读时代,用户注意力总是没那么集中,更多地使用快速扫描式阅读或者跳跃式阅读。这个时候,文章中的很多关键部分很可能被直接忽视掉,这会影响用户的阅读体验,包括对公众号的判断。

一个最简单的方法,就是把图文中的核心部分重点标注出来,可以加粗,可以加颜色,可以加下划线等。

3. 促使用户变成铁杆会员 有句话叫作无活动不营销。从微信公众号这个角度讲,留存和促活(促销活动)在一定程度上有着一些相通的地方,即如果这个平台还在发展,那么留存在公众号上的用户,基本会活跃。

那么小文如何让用户保持活跃性呢?这就需要和用户建立更多联系。

如果没能和用户建立更多的关系,仅仅是通过写推文给用户看,这种关系是很脆弱的。而且这种脆弱关系使用户取消关注也会没有"负担"。

(1)是否经常会与用户进行小互动?

公众号互动形式其实很多:可以在图文结尾处加一句走心的话或小思考;可以每天回答一个用户问题;可以征集读者故事发布;可以发起各种有趣的投票;开通评论功能;甚至可以专门筹备用户节日等。

(2)是否有专门建立的社群来维护用户?

单纯维护用户关系,公众号肯定是比不过社群的,有专门建立的维护用户的社群后,取消关注率会降低很多。

把自己和用户真正连接起来,这个连接产生的价值不仅仅局限于用户维护,还有品牌传播、活动传播、产品调研、直接销售等。

社群可以让粉丝找到群体,有情感付出。

(3)是否让用户为公众号投入更多?

人们在决定是否去做一件事情的时候,不仅会看这件事对自己有没有好处,而且也要看过去已经在这件事情上有过多少投入,如时间、金钱、情感、精力等。一个人在某件事上投入得越多,越是不容易放弃。

公众号除了让用户投入时间看文章,还可以让用户有更多的投入。比如:可以经常征集用户观点,可以让用户参与公众号或社群的运营,可以让用户帮助公众号审稿、策划活动、想选题、做公众号推广、参与公众号栏目的划分等。

从用户角度来讲，与一个公众号保持长久的黏性，其实最关键的只有一点，那就是内容对用户来说有用、有价值。

基于这一点，小文需要了解用户的需求，并持续不断地为用户提供需要的内容，才能让公众号长期活跃在用户心中。

三、后期分析

微信公众号为了提高用户的使用效率，提供了基础的数据分析功能，运营者可以在后台通过平台研究信息的接受程度、用户发展趋势等。结合这些数据，运营人员能够总结经验、吸取教训，更有针对性地改进信息编辑、调整内容方向，提升微信公众号运营的质量。作为微信公众号的个人运营者，小文应该专心于内容制作，没有必要做很复杂的数据统计分析模型，但是也不能疏忽自媒体运作的状况，每周必须对微信公众平台做简易的诊断，下面列出一些简单的必查项目。

（一）微信公众号的粉丝增长或流失情况

7天内每日的新关注人数、取消关注人数、净增关注人数、累计关注人数。可以看出本周的粉丝增长或流失情况，结合每日的图文推送就能够看出什么内容能带来增长。

（二）微信公众号的粉丝属性特征以及来源分析

粉丝从什么渠道关注的，粉丝属性特征如何？如男女比例、分布地域、平均年龄等，从这几个方面来为粉丝"做画像"，并且结合平时与粉丝的互动情况再做详细地"勾画"。给予铁杆粉丝以及忠实粉丝"做详细画像"和备注。

（三）粉丝互动分析

每日的粉丝关键词互动次数，以及自定义菜单栏的点击次数，根据粉丝的互动数据效果来有针对性地调整关键词和自定义菜单栏，以及老粉丝的互动维护。

（四）图文推送统计分析

运营者可以看到每条图文的送达人数、图文页阅读人数和次数、原文阅读次数以及分享转发人数，以此来了解内容运营的情况。小文的周报中只需要记录"标题＋阅读量＋阅读率＋转发数＋转发率"。

（五）活动统计分析

如果做活动，那就统计本次活动粉丝增长情况、互动效果、图文分享次数、推广费用等数据。

（六）本周运营总结

本周遇到过什么样的问题？问题是否得到解决？如果未解决，提出自己的解决方案。

根据以上所学的公众号的运营方法，针对自己创建的个人订阅号内容，小文设计绘制一个具体的运营执行方案流程图。

烘焙店公众号的运营方案效果展示

▶ 效果展示

烘焙店公众号的运营方案效果展示请扫二维码。

评价检测

制定公众号运营方案任务评价表

评价内容	评价要求	评价指标
内容要求	1. 建立并发送一条高质量的推文。	□不合格 □合格 □优秀
	2. 获取更多用户（同学）关注。	□不合格 □合格 □优秀
	3. 对用户进行分组。	□不合格 □合格 □优秀
	4. 安装并使用公众号助手维护。	□不合格 □合格 □优秀
	5. 流程图思路清晰、结构合理。	□不合格 □合格 □优秀

延伸学习

微信公众号的盈利方式

微信公众号盈利的方式大致分为三种：广告变现、电商变现和内容付费变现。

（1）广告变现是把广告融合在文章里，最大化地利用用户实现微信公众号盈利。当然，也可以开通流量主，当粉丝点击广告则可以得到分成。通常来说，公众号本身的流量越大，这种盈利就越高。但广告也不宜过多，否则很容易导致用户流失。

（2）电商变现是利用自身产品的影响来做电商。在后面的章节中，小文带大家一起来创建网店，直接在订阅号上推广产品达到盈利目的。

（3）内容付费变现通过对内容付费来获取收益，可以直接创建小程序来做课程，关联公众号。相对而言，盈利更注重细水长流，内容付费的特性较为稳定，容易产生正向的循环。

拓展训练

拓展任务：使用百度指数对数据进行分析

小文在对公众号数据进行分析时，除了使用微信平台的后台数据外，还可以借助第三方工具进行数据分析，比如搜索指数类的百度指数等。下面以百度指数为例，简单介绍它的应用。

百度指数能提供比较成熟的搜索指数分析，数据功能丰富、覆盖时间长，监测海量网民的最新需求动向（图3-1-23）。

百度指数能够告诉大家：某个关键词在百度的搜索规模有多大？一段时间内的增减态势以及相关的新闻舆论变化如何？关注这些词的网民是什么样的、分布在哪里，同时还搜了哪些相关的词。这样可以很好地帮助用户优化数字营销活动方案。

百度指数的主要功能模块有基于单个词的趋势研究（包含整体趋势、PC趋势还有移动趋势）、需求图谱、人群画像等；基于行业的整体趋势、地域分布、人群属性、搜索时间特征。

（1）趋势研究：用户不仅可以查看最近7天、最近30天的单日指数，还可以自定义时间查询。

（2）需求图谱：直接表达网民需求。每一个用户在百度的检索行为都是主动意愿的展示，每

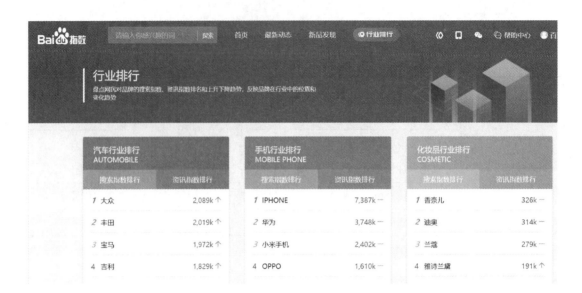

图 3-1-23

一次的检索行为都可能成为消费意愿的表达,百度指数的需求图谱基于语义挖掘技术,向用户呈现关键词隐藏的关注焦点、消费欲望。

例如当输入"烘焙"这个关键词时,"需求图谱"工具能显示用户对该内容的形象认知分布(图3-1-24),小文根据图谱就可以更好地了解用户的关注点和消费点,能对产品分析与营销提供更为直观的数据基础。

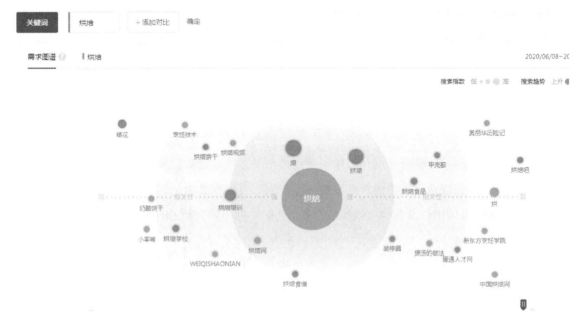

图 3-1-24

如图 3-1-25 所示,小文可以知道甜点的热度最高,就可以多增加些甜点部分的内容。

(3)人群画像:以往需要花费精力开展的调研,现在输入关键词,即可获得用户年龄、性别、区域、兴趣的分布特点,并真实且比较客观(图 3-1-26)。

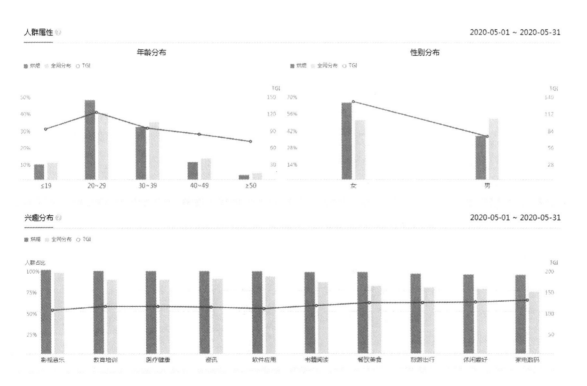

图 3-1-25

图 3-1-26

专题二

网上店铺建设

项目一　网店的创建

▶ 情景故事

随着互联网的不断发展,人们网购的需求也越来越大,网购早已不再局限于电脑端而是发展到了移动端,人们随时随地都能进行购物。小文希望餐厅除了进行实体店铺的经营之外,还可以拓展线上经营业务。可以让顾客通过手机移动端直接网购到餐厅的烘焙产品。网上店铺有很多种,请为小文的烘焙蛋糕坊建立一个网上店铺,用来销售自己的产品。

▶ 项目描述

用微店完成网上店铺的创建、产品上架以及进行简单的店铺装修。

▶ 能力目标

(1) 通过学习本项目内容,能够自己动手创建一个微店。
(2) 能够完成产品上架,并在商品描述中详细介绍产品。
(3) 能够对店铺进行简单的装修。

项目图解

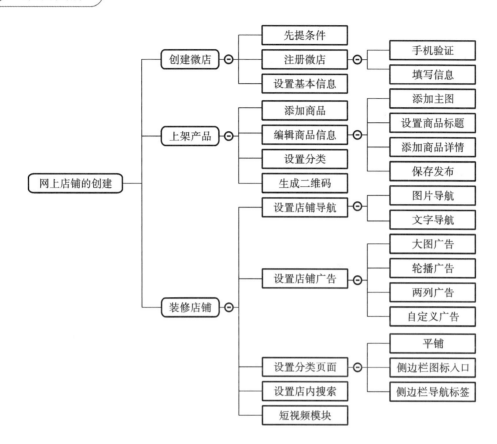

项目实施

微信作为时下最热门的社交信息平台,也是移动端的一大入口,正在演变成为一大商业交易平台。微信商城网店是基于微信而研发的一款社会化电子商务系统,消费者只要通过微信平台,就可以实现商品查询、选购、体验、互动、订购与支付的线上线下一体化服务模式。

任务 创建微店并完善商品

微店是基于微信平台的电子商务平台,类似于淘宝开店,是手机端的电子商务平台,它方便、简洁且实用,区别于传统的电脑端平台的电子商务,它的特点是容易找到货源,很好地解决推广问题,这也是互联网分工进一步细化的体现。

标准规范

(1)能够成功创建店铺,并设计完善店铺基本信息。

(2)上架产品标题完整,图片/视频美观,详情页内容丰富、全面。

(3)上架产品数量不少于5件,并对产品进行二级分类。

(4)能够对店铺进行基本装修,店铺装修后页面美观大方。

工作流程

创建微店 → 上架产品 → 装修店铺

一、创建微店

（一）创建微店先提条件

智能手机一部，手机号、本人身份证（用于实名认证）（个人微店）。

（二）注册微店

首先，小文在手机端扫描二维码，下载"微店卖家版"APP，也可在电脑端登录微店的官方网站进行注册。

（1）注册账号，输入手机号码、验证码，设置和确认密码（图3-2-1）。

图 3-2-1

（2）填写相关信息（图3-2-2、图3-2-3）。

（3）设置微店店铺基本信息：在店铺设置中填写店铺资料和店长资料的基本信息（图3-2-4）。

二、上架产品

（一）添加商品

在"商品"的商品管理中点击"添加商品"（图3-2-5）。

（1）添加商品的图片或者视频：点击加号，将之前处理好的手机图片或者剪辑好的产品视频添加进来。

（2）设置商品标题：这里的名称最多可以输入60个字符，建议大家输入尽可能长的标题名称，这样名称的关键词越多，客户输入关键词时被搜索到的概率就越大（图3-2-6）。

（3）选择商品类目：在这里请大家注意，食品经营属于特殊行业，正常情况下，小文应该选择"餐饮食品"中"包装散装食品"这个类目，但是国家法律法规规定，发布食品相关类目的商品必须要进行资质认证，通过认证后才能正常上传商品（图3-2-7）。作为企业需要上传企业和经营的商品的相关信息，作为个体也需要提供个人信息。如果有自己的货源，请点击"快速添加商品"→

模块三 企业网络营销必备信息技术素养

图 3-2-2　　　　　　　　　　　　　图 3-2-3

图 3-2-4

图 3-2-5

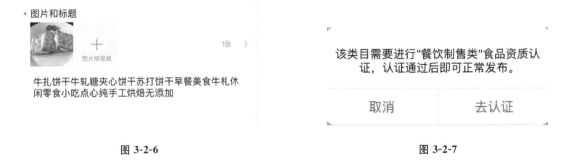

图 3-2-6　　　　　　　　　　　　　图 3-2-7

"去认证",根据提示完成认证,认证通过后点击"快速添加商品",可添加自营商品;如果没有自己的货源,可代理商品赚佣金,请点击"前往选货中心",选择需要代理的商品,点击下方"我要代理"→"去认证",根据提示完成认证,认证通过后可代理商品。

为了方便演示,在这里选择"其他"类目里的自用闲置转让。

(4) 选择所在地点。

(5) 设置价格、库存数量等信息。

(6) 添加商品详情。

这部分内容是上架产品的一个非常重要的部分,一般人都会认真浏览产品详情后才会决定是否购买该产品,因此,这里一定要全面地展示产品的细节、卖点。可以以图片、文字、链接、短视频、表格等多种形式进行展现。点击"添加内容"→"素材中心",选择心仪模板后,将模板中的图片及文字替换成该商品的介绍内容(图 3-2-8)。

图 3-2-8

(7) 设置店铺中的商品分类(图 3-2-9)。

(8) 设置配送方式:包邮或者是设置邮费模板。

(9) 设置是否为店长推荐商品。

(二) 对商品进行分类设置

在"商品"的"分类管理"里,点击右上角的图标添加分类,可以输入类目名称,对商品进行分类管理。小文可以按照产品特点分类,比如面包、饼干等;也可以按照功能分类,比如特价产品、店长推荐、本月促销等。小文可以根据这些特点,把分类设计成二级分类,如图 3-2-10 所示,然后将所有创建好的商品添加到对应的分类里。可以选择重复的分类选项。

(三) 二维码分享商品

目前该功能只支持移动端操作。通过扫描商品二维码来分享商品,能为店铺带来更多的客流量,顾客可以更快速地看到被分享的商品,甚至可以转发给其他的朋友(图 3-2-11)。顾客也可以通过商家分享的信息,查看、下单、购买分享的商品,甚至是查看、购买店铺中的其他商品。

图 3-2-9

除此之外,小文还可以生成二维码海报分享至微信好友、微信朋友圈、QQ 好友、微博等,用户可以扫描海报二维码查看到当前商品的价格、型号、商品活动等情况,以及商家店铺中其他的商品和优惠信息。

下面介绍二维码分享商品的操作步骤:

(1) 打开微店店长版软件,点击"商品"模块,点击商品下方"分享",选择"海报"方式分享,即可生成对应的商品二维码海报。

图 3-2-10

图 3-2-11

（2）点击"更多模板"，选择想要生成的二维码海报模板，点击下方"去分享"，可以分享至微信好友、微信朋友圈、QQ好友、微博等（图3-2-12）。

三、装修店铺

小文的产品上架后，需要对店铺进行装修，好看美观、操作便捷的店铺才能吸引顾客。装修的方法如下：小文选择店铺装修选项，点击左侧菜单栏中的商品，选择商品样式模块，直接拖拽到模拟店铺页面中即可（图3-2-13）。点击模块右上角红色方块即可选择删除或移动模块位置。点击选择商品，即可添加已有商品。勾选商品展示形式，如是否需要展示商品名称等。还可以添加"导航""广告""文字""营销"等不同模块，并在右侧编辑模块内容（通过箭头所指的下拉标志即可展开每个模块）。

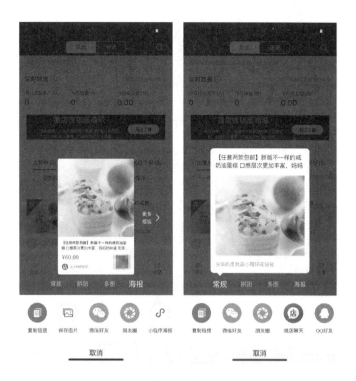

图 3-2-12

图 3-2-13

(一)设置店铺导航

导航模块是对同级信息或同类商品的分类,帮助顾客更快地找到需要购买的商品。那么如何设置店铺导航呢?首先,在电脑登录微店官网,点击"店铺装修",选择"编辑店铺",点击"导航"模块。

1. 导航的样式 导航包含两种样式。

(1)图片导航:文字加上 280×280 像素正方形图片,规定一个模块配 4 个导航(图 3-2-14)。

图 3-2-14

(2) 文字导航:只需写文字,无需图片,不限导航数量,可以填 2 个,也可以填 6 个。

2. 导航的设置 选择对应的导航模块拖拽到对应位置,并在页面右侧编辑内容。导航设置如图 3-2-15 所示。

图 3-2-15

设置导航 1 的名称和图片,比如"购物须知",对该图片添加一个链接。链接有四种,即商品链接、分类链接、店长笔记链接和自定义链接。

(二) 设置店铺广告

广告模块用于单品促销、广告推广,可以推荐重点商品,大大刺激购买率。在"店铺装修"中,选择"编辑店铺",点击左侧"广告"模块(图 3-2-16)。

1. 广告的样式 广告模块共包含四种样式:大图广告、轮播广告、两列广告、自定义广告热区(图 3-2-17)。

(1) 大图广告:适合一个重点信息传达,例如一个重点商品,一个促销活动。

(2) 轮播广告:适合普通信息传达,例如新品上新、预定款等,建议 3 张以内。

(3) 两列广告:图片比例 4∶3(建议尺寸 750×562 像素)。

图 3-2-16

（4）自定义广告热区：在同一张图片中添加热区选框，使顾客点击不同位置可以跳转不同链接。

案例1：图 3-2-18 设置了一个轮播广告，告诉顾客即将上架的新品。

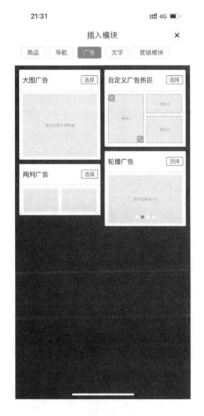

图 3-2-17

图 3-2-18

案例2：在图片上面加上分类文字，并设置好对应的链接地址，就可以聪明地利用"两列广告"的排列特性，放弃广告功能，变成一个分类导航功能（图 3-2-19）。

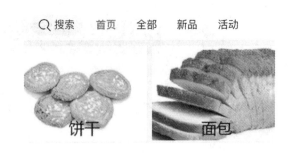

图 3-2-19

2. 广告的设置　选择需要的广告样式模块拖拽到对应位置,并在页面右侧编辑内容,设置方法与前面一样(图 3-2-20)。

（三）设置分类页面

在店铺装修的分类页面中可以设置页面的分类。分类页面支持三种样式:分类名称平铺样式、侧边栏-图标入口样式、侧边栏-导航标签样式(图 3-2-21)。

图 3-2-20　　　　　　　　　　　　　图 3-2-21

1. 分类名称平铺样式　这是分类页面默认样式,自动同步展示出店铺的商品分类,除未分类外所有分类都会展示,此种样式无须卖家特殊操作,自动就是这个样式。

2. 侧边栏-图标入口样式　特点:一级分类展示在侧边栏,二级分类会以入口图标的形式展示在页面中自动同步店铺的商品分类,除未分类外所有分类都会展示,左侧边栏展示的是一级分类,右边如果没有二级分类则直接展示商品,如果有二级分类会展示出二级分类入口图标,入口图标需要自行上传(图标比例为 1∶1,建议上传 200×200 像素的图片,若没有上传则展示默认图片,有新增分类及时更新入口图标)。

3. 侧边栏-导航标签样式　特点:一级分类展示在侧边栏,二级分类以标签形式展示在页面顶部,页面中直接展示商品无须特殊编辑,自动同步店铺的商品分类,除未分类外所有分类都会展示(图 3-2-22)。

（四）设置店内搜索

"店内搜索"模块方便客户根据关键词更快找到目标产品。选择"编辑店铺",找到并点击展

图 3-2-22

开"营销模块"。拖拽"店内搜索"模块到中央位置;点击"添加搜索关键词",即可填写搜索热词,如:面包、甜品等(搜索热词可在搜索页面展示,引导买家搜索相关内容)。

(五)短视频装修模块

短视频可以更全面地展示商品,吸引顾客,是非常重要的店铺装修模块。点击"店铺装修",选择"编辑店铺",找到并点击展开"营销模块"。拖拽"视频"模块到中央位置;点击右侧"添加链接",即可添加视频(支持腾讯、美拍视频链接)。小文可以将前面创建的宣传短视频添加到这里(图 3-2-23)。

图 3-2-23

烘焙店创建的效果展示

效果展示

烘焙店创建的效果展示请扫二维码。

评价检测

网店创建任务评价表

评价内容	评价要求	评价指标
内容要求	1.成功创建店铺。	□不合格□合格□优秀
	2.上架产品标题完整。	□不合格□合格□优秀
	3.上架产品详情页内容丰富。	□不合格□合格□优秀
	4.上架产品数量不少于5件。	□不合格□合格□优秀
	5.店铺装修全面、美观大方。	□不合格□合格□优秀

延伸学习

一、了解网店

网店作为电子商务的一种形式,能够让人们在浏览的同时进行购买,且通过各种在线支付手段进行支付以完成交易。网店大多数都是使用淘宝、京东等大型网络贸易平台完成交易的。要合理利用网店,争取做到效益最大化。

(一)优势特点

1. 方便快捷 不用装修、采购等开实体店铺必须要经过的流程,点点鼠标按按键盘就可以开个网店。

2. 交易迅速 买卖双方达成意向之后可以立刻付款交易,通过物流把货品送到顾客的手中。

3. 不易压货 可以没有实体店铺,也不用注册公司,而仅仅开一个网店,就可以把商品卖向全国各地,这也是网店吸引人的一个特点。

4. 打理方便 不需要请店员看店也不需要跑很远进货,摆放货架,一切都是在网上进行,看到货品下架只需要点击鼠标操作就可以上架。

5. 形式多样 无论卖什么都可以找到合适的形式,如果资金足够可以选择通用的网店程序进行搭建,也可以选择比较好的网店服务提供商进行注册然后交易。网店形式多种多样。

6. 安全方便 线上交易不能提供亲身体验,买家往往喜欢与自己信任的商家交易。所以如果第一次交易顺利则买家回头率更高。所以,网店需要提供更多的信任体验机会。

7. 应用广泛 所有人都可以在网上买到称心如意的商品,只要可以上网,开通网上银行,就可以跨地区且随时购买。

8. 分销渠道 可以到分销网站进行分销,成为供货者的分销者,分销只用上架,然后就可以卖了。比较流行的商品都可以在分销渠道找到,如品牌商品、创意商品等。

(二)发展前景

网店一开始只是单一地在网上展示商品,现在不仅仅可以展示商品还可以让浏览者进行实际购买。

据了解，淘宝网大部分钻石级的卖家还在维持着家庭作坊式的运作模式，多是小夫妻或三两好友共同经营。级别达到皇冠以上的网店卖家拥有少则几十人多则上百人的团队，从包装、装修、拍照、商品上架到采购等各个流程环节都有专门的人员负责，其实，这就是一家正常运营的公司，已经远不是人们脑海中的一个人一台电脑的概念了。

二、店铺装修技巧

店铺是自身独特风格的展示，好的装修能够让顾客看到后愿意去浏览商品，只要掌握几个要点，就能装修出优秀的店铺。

1. 店铺招牌 要突出产品、店铺特色，要有统一性；店铺招牌不能出现非等比例拉伸变形、水印、明显拼接痕迹等；文字不宜太多；不在店铺招牌上打广告，容易引起顾客反感。

2. 店铺头像 要体现出整个店铺的风格。表现形式：文字、卡通、图形等都可以；LOGO 设计(可纯文字)与店铺名称吻合。

3. 店铺名称的设置 要简短容易让人记住(比如叠词类型)；名字一目了然，让顾客一眼能看出主打什么产品；有品牌的就要突出品牌特色，没有的就突出店铺特色。

4. 店铺公告设置 店铺公告不超过 500 个字；要介绍店铺特点，以及全店促销信息，如店铺的近期折扣活动以及单品的主推优惠。这是顾客最关心的，可以考虑排在最前面；设置顾客在店铺内购物时的注意事项，店铺的联系方式(最好提供两个手机号或微信号)，方便顾客及时联系以免错过订单。

5. 店长推荐/限时折扣的基本要求 要双数排版，不能是单的；店长推荐商品数量控制在 4 个；店长推荐和显示折扣商品更新频率必须保持一周 1~2 个。限时折扣商品折扣时间不超过 3 天，设置折扣时间不要过长，以免让人觉得没有吸引力。

6. 产品主图的设置技巧 商品图片尺寸为 960×960 像素，大小不超过 1 M；背景干净，突出商品主体，最好就是白色背景；商品占主图比例不能过小，占比为 50%~90%，美观，吸引人眼球。

7. 产品标题 商品标题可以描述，格式为卖点＋商品名称＋基本属性＋规格，优质的标题可以清晰而明显地展示商品，内容包含重量、材质、品牌等。

8. 商品详情页 在商品详情页中突出产品包装，增加好感；详情页图片的尺寸为 960×960 像素，大小不超过 1 M；根据商品的性质，添加商品需要展示的内容，如保质期、食用方法、配料表、包装展示、成品展示等。

拓展训练

拓展任务：简单了解付费微店商城版的优势，

并调研还有哪些更好的电子商务平台可以实现低成本运营？

微店商城版是个性化的微信商城，商城版除了拥有基础版的全部功能外，还可以简单快速地搭建纯净的商城店铺，无平台元素，全面去广告，多种分销、直播模式。微店商城是个付费模块，升级成微店商城版，登录微店网页版，点击立即升级(页面右上角)，立即订购即可。微店商城版与微店基础版对比有什么区别和优势呢？

1. 功能对比

（1）微店商城版：能够满足不同行业电商需求，针对一些特别行业的特别需求会有不同的版本，个性化强，也可以部分功能定制。比如服装行业的多规格商品，生鲜行业的多单位商品，这些是微店基础版满足不了的，但微店商城版却可以满足。

（2）微店基础版：功能单一且固定，仅仅可以理解为一个提供商品展示的网店。

2. 销售形式对比

（1）微店商城版：无论是零售业务还是批发业务，都能够适配，系统自带会员等级定价功能，不同级别的会员看到的商品的价格是不一样的。

（2）微店基础版：仅适用于零售业务。

3. 进入商城入口不一样

（1）微店商城版：移动端、PC端等多终端，独立商城链接和二维码可以在微信以及社交平台自由分享，支付宝、微信直接扫一扫即可进入商城，全网数据实时同步。

（2）微店基础版：只有关注店铺的用户才能够进入商家的网店，微信是唯一的入口。

4. 关于留客和锁客　同是在网上开了一个店铺，不同之处就是微店商城版具有会员管理功能以及营销功能，而微店基础版没有，仅提供商品展示以及下单功能，微店商城版不仅具有会员积分功能，同时还具有分销返佣功能，快速分销拓客，把每一位到店消费的顾客都转化成销售员，帮助推广店铺实现销售。

项目二　网店的推广与运营

▶ 情景故事

小文构建网店的目的是希望通过移动端有更多的用户能够访问他们的店铺，并能够提高访问转化率，在店铺进行产品消费。面对铺天盖地的网店，怎么才能让用户看到他们的店铺并产生购买欲望，是本项目要解决的问题。与微信公众号的运营相似，小文需要对网店进行一定的推广和运营，才能让网店获得更多访问量。

▶ 项目描述

尝试设置微店的各项免费的推广营销策略，并搜索与自己店铺经营产品/服务内容相似的同类优秀店铺，收藏这些优秀店铺，总结它们的营销推广策略。

▶ 能力目标

（1）了解什么是网店的推广和运营；了解微店的推广方式和运营技巧。

（2）能够熟练使用微店的免费营销推广工具，设置具体的推广内容。

（3）能够检索同类产品或服务的网上信息，学习借鉴经典案例。

▶ 项目图解

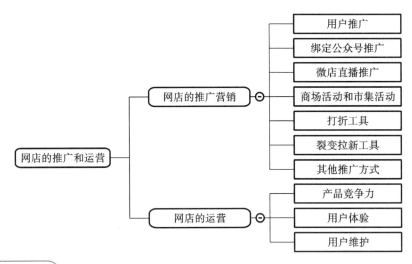

▶ 项目实施

微店因其零成本、零费用、零门槛的优势成为众多商家的掘金之地，而要想真正做大、做好、做强，运营与推广是关键。小文通过学习，了解到微店有很多种推广的方式和工具，下面就和大家一起来了解一下。

任务　微店的推广和运营

▶ 标准规范

（1）推广方案设计合理，有针对性。
（2）搜索并分享同类经典、优秀案例，有可学习性。
（3）对各个营销推广工具的应用准确、到位。

▶ 工作流程

用户推广 → 绑定公众号推广 → 同城市集活动 → 打折工具 → 裂变拉新 → 其他推广 → 运营技巧

一、微店商城用户推广（付费功能）

 知识链接

什么是推广

推广，就是做广告，把产品、服务、技术、文化等通过报刊、广播、电视、网络等让更多的人和组织机构了解、接受，从而达到宣传、普及的目的。常见推广方式主要有以下几种。

> （1）搜索引擎（SEO）推广：搜索引擎推广又可以分为多种不同的形式，常见的有登录免费分类目录、登录付费分类目录、搜索引擎优化、关键词广告、关键词竞价排名、网页内容定位广告等。
>
> 搜索引擎在网络营销中的地位相当重要，并且受到越来越多企业的认可，搜索引擎推广的方式也在不断发展演变，因此应根据环境的变化选择搜索引擎推广的合适方式。
>
> （2）电子邮件（E-mail）推广：以电子邮件为主要的网站推广手段，常用的方法包括电子刊物、会员通信、专业服务商的电子邮件广告等。
>
> 基于用户许可的电子邮件营销与滥发邮件（Spam）不同，许可营销比传统的推广方式或未经许可的电子邮件营销具有明显的优势，比如可以减少广告对用户的滋扰、增加潜在用户定位的准确度、增强与用户的关系、提高品牌忠诚度等。
>
> （3）互助推广：每个企业网站均可以拥有自己的资源，这种资源可以表现为一定的访问量、注册用户信息、有价值的内容和功能、网络广告空间等，利用网站的资源与合作伙伴开展合作，实现资源共享，共同扩大收益的目的。在这些资源合作形式中，交换链接是最简单的一种合作方式，调查表明也是新网站推广的有效方式之一。

首先来看一下用户推广，这是一个付费功能。它是微店推出的一款可以帮助商家拓宽推广渠道的工具，商家可以发动员工、用户、亲朋好友转发带有专属标识的二维码图片或链接，邀请他们分享到朋友圈、微信群中，在其成功卖货后给予佣金，以此扩大品牌的传播，提高店铺的销量。将微店付费升级为商城版，就可以自动获得用户推广功能插件。

（一）功能优势

1. 更轻量的裂变　代理/员工无须开店，无须下载 APP，分享链接即可锁定关系，卖货赚钱。

2. 与直播打通　通过预热，代理/员工转发直播间，就可以获取销量。

3. 提供一体化解决方案　供货＋分销＋用户推广。

（二）适合行业/人群

适合行业/人群如表 3-2-1 所示。

表 3-2-1

自媒体类商家	自有员工商家	自有代理商家
自带流量	员工/销售作为	微店平台增加信任
用户变渠道	初始用户、快速裂变	微店工具提高工作效率

二、绑定微信公众号推广（付费功能）

下面介绍怎样能和前面建立的微信公众号进行绑定。这样所有通过对公众号的运营加关注的用户就都可以访问微店了。绑定步骤：点击微店后台→营销推广→公众号管理→绑定公众号里。这里选择"已有公众号，立即绑定"，然后通过微信扫码授权确认（图 3-2-24）。

模块三　企业网络营销必备信息技术素养

图 3-2-24

公众号完成绑定后，就可以进入公众号管理界面，实时了解公众号用户关注情况以及用户消费情况。同样的，这里的主要模块也是在开通微信商城版后才能使用（微信公众号需要进行认证）（图 3-2-25、图 3-2-26）。

图 3-2-25

三、微店直播推广

开通微店直播有两种渠道：

（1）满足以下条件，即可自主开通：①店铺实名认证；②店铺成交额大于 5000 元；③支持担保交易。

（2）如果店铺不满足第一条里的条件，但有直播经验，可以向工作人员说明情况，申请资质审核，工作人员会在 14 个工作日内给出审批答复。

图 3-2-26

申请的步骤如下:打开微店店长版 APP,点击"营销推广",点击"直播入驻"(图 3-2-27),按页面要求申请即可。

注意:电脑端目前不支持申请直播入驻,需要在手机 APP 上操作。

四、同城市集活动

同城市集是一个线下推广活动工具。登录微店店长版 APP,点击"营销推广",下拉选择"同城市集",选择当前的城市定位,系统就会打开活动中心界面,这里有很多当地活动可以报名参加。这里小文报名参加了一个展位费 200 元/天的"飞鸟大集-北京站 7 月"活动,通过填写具体的售卖商品信息,就可以按照规定,在指定的时间、地点去现场进行线下活动了(图 3-2-28)。

五、打折工具

微店店铺里提供了各种打折工具:限时折扣、店铺专享红包、优惠券、满包邮、满减、满送、优惠套餐、第二件半价等,都可以对商品进行各种优惠打折设置。下面以"满减"为例,介绍一下操作方法:登录微店店长版 APP,点击

图 3-2-27

"营销推广"模块,选择"满减",点击"添加满减"。有两种满减方式,即"满金额减"和"满件减/打折",这里选择"满金额减",设置几个金额从低到高满减区间,需要注意更高一级的消费金额和立减金额应该大于更低一级的,最多可以设置 5 个等级满减。设置开始和结束时间,设置全店满减(全店商品参加满减)或者商品满减(部分商品参加满减),单品满减最多支持勾选 30 个自有商品,超过则提示"最多支持设置 30 个商品"。点击"完成"就设置成功了。这里小文设置了三个优惠满减等级:满 50 减 5 元,满 100 减 10 元,满 200 减 15 元,应用到了三件非特价商品上(图 3-2-29)。

模块三　企业网络营销必备信息技术素养

图 3-2-28

图 3-2-29

六、裂变拉新工具

微店的裂变拉新工具有很多，比如拼团、砍价、抽奖、裂变券等。这里以拼团为例，说明裂变拉新工具的使用方法和作用。

知识链接

什么是裂变拉新

这里的"裂变"指的是微信裂变，这里的"裂变拉新"是指通过裂变的方式来吸引新用户的意思。

微信拥有着庞大的社交群体，大家可以通过微信把产品分享出去，然后一传十，十传百，从而达到一个裂变的效果。"裂变"的原意是分裂，就像细胞的分裂，一个变两个，两个变四个，能够呈指数级增长。裂变营销以传统的终端促销的加强为基础，整合了关系营销、数据库营销和会务营销等新型营销方式的方法和理念。这种裂变模式其实指的是终端市场的裂变，其核心内容是：开始不要全面摊开，急速发展，而要精耕细作，全力以赴进行单点突破。裂变的核心要素包括：种子用户的选择、福利激励的设计、裂变玩法的参与设计、分享渠道的选择、分享引导的设计、落地页路径等。只有将上述各个环节的核心要素都通盘考虑，并做好各环节设计，才能保证裂变更好落地。

微店支持2~10人拼团，可以发起团购也可以参与拼团，用户为了享受团购的优惠，就号召其他用户一起购买。根据相似目标用户原理，寻找具有同样需求的用户。比如小文的店铺是烘焙店，推一个烘焙课程团购活动，很容易吸引和覆盖喜欢自己在家烘焙的人和在学烘焙的人。

（一）设置拼团商品

登录微店店长版APP，点击"营销推广"，点击"拼团"，点击底部"添加拼团"，选择拼团的商品，进行拼团价格、成团人数、开团时间、结束时间、是否限购、自动组团的设置。

（二）在店铺首页展示拼团商品

设置完拼团后，需要将拼团活动展示在店铺首页，让每一个进店用户都能了解活动。

操作步骤：店铺管理→店铺装修→插入→营销模块，点击"拼团"，添加要展示的拼团商品。

（三）管理拼团商品

1. 管理功能　拼团设置完成后，可以进行重新编辑和删除。

2. 报表功能　点击报表，可以查看待成团、已成团、拼团失败的情况，以及整体的情况，包括成团数、未成团数、成团订单数、未成团订单数、成团买家数、未成团买家数、访客数、参团老客户、参团新客户等。

3. 海报功能　点击海报，可以生成拼团活动的商品含二维码的图片，进行图片下载、分享到朋友圈、微信好友、微博、QQ空间等。

4. 分享功能　通过复制链接或者分享好友的形式进行图文推广。

七、微店的其他推广方式

除了前面介绍的常用的几种推广方式之外,还有很多其他的营销工具,比如"微客多""拉新客"等,在这里就不一一列举了,大家可以和小文一起自己动手尝试各个推广工具的使用(图 3-2-30)。

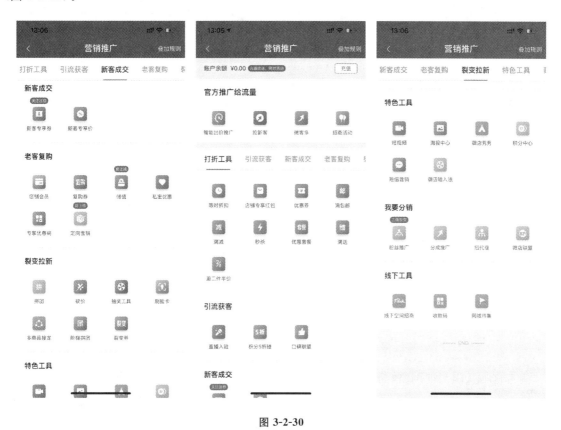

图 3-2-30

八、微店的一些运营技巧

微店的运营和前面所介绍的公众号的运营思路、方式和目的基本都是一样的,都是通过人工干预拉新、留存等,让运营对象能够持续不断地获得更多的用户关注,并对运营对象进行宣传、曝光、营销。在这里再介绍一些微店的实战运营技巧。

(一)做好产品分析,上架有竞争力的产品

在开发上架一个新产品的时候,首先要做的是分析产品。要分析产品竞争环境、卖家数量、功能、外观、价格、受众人群范围大小和季节因素等。不能做一个没有受众群体的产品,这样的产品是没有活力的。另外,产品卖家的市场体量不能过大。比如销售面包,网上有无数家同行在竞争,如果只做普通面包的话,能够成功销售的概率基本上就是 0。难道说面包就不能卖了吗?当然不是。例如如果是做全麦面包,竞争对手就小了很多。因此在选择产品之前,要提前做好分析准备。

(二)做好用户体验

很多微店主抱怨:店铺产品款式不错,价格也不高,主图、详细逻辑都没问题,但为什么就是转化率(点击后购买该产品的比率)不高?其实,以上的这些都不是关键原因,最主要的是要用户喜欢，若用户看到产品都不愿意评价，甚至给差评的冲动都没有，那只能说是太普通了，不管是产品普通还是服务普通都需要做好用户体验。

（三）新老用户的维护

无论是老用户还是新用户，只要是在微店购买过产品的用户，都必须要定期维护，通常很多新用户都是老用户介绍的。所以，大家一定要用心对待老用户，如偶尔赠送些小礼品等，总之就是要定期维护用户，让用户乐意地帮助微店进行免费的宣传。

▶ 效果展示

优秀店铺效果展示请扫二维码。

优秀店铺效果展示

▶ 评价检测

网店运营推广任务评价表

评价内容	评价要求	评价指标
内容要求	1. 推广策略设置合理，有针对性。	□不合格 □合格 □优秀
	2. 分享的案例优秀，有可学习性。	□不合格 □合格 □优秀
	3. 各个营销推广工具的应用合理。	□不合格 □合格 □优秀

▶ 延伸学习

淘宝网店运营的推广手段和攻略

淘宝作为我国当前网络购物的主要平台，在影响消费者生活的同时也影响着人们赚钱的方式。淘宝网店的 C 店门槛低，适合个人及初入门卖家。淘宝网店的运行主要依靠源源不断的流量，如何有效推广是当前淘宝网店运营面临的一大难题。

一、淘宝网店店内推广运营

1. 商品基本信息的推广要点　相对于传统的零售方式，淘宝网店的商品展示是通过网页的形式来陈列的。顾客在淘宝网店中对商品的了解主要通过店主对商品的描述和商品照片的展示，因此做好商品基本信息的介绍是淘宝网店运营的基本推广手段。顾客对淘宝商品的搜索很多时候是靠关键词完成的，淘宝网店可有效利用关键词来促进网店浏览量的提升。在编辑商品名称时在有限的字符容量中尽可能地对更多的关键词加以选用，通过扩大消费者关键词搜索范围提高网店商品的发现概率。一般来说，属性、品牌、评价等都是编辑商品必不可少的关键词。在对商品进行描述时，网店应对商品的优势和价值详细说明，比如商品的型号、生产加工工艺、交易、配送说明、服务保障等，从而打消顾客网购看不到实物的疑虑。在商品的图片编辑中，应尽可能地还原产品原貌，多向消费者展现产品细节，同时做到画面美观，刺激消费者视觉，提高消费者购买欲。

2. 合理调整网店商品上下架时间，跟进老顾客　淘宝流量高峰期的时间段据统计主要有三个：早上九点至十一点、下午两点至五点、晚上八点至十一点。所以，淘宝网店店主首先应对商品上下架时间进行合理调整，与淘宝流量高峰期时段保持一致，这样就能使网店商品获得更多的展现机会。其次,淘宝网店应做好对老顾客的维护,对淘宝店铺来说老顾客是最省时省力的推广群体,双方曾经成功的交易已经获得彼此的信任,容易为网店带来新的订单。因此,淘宝网店可以通过信息设置等定期向老顾客发送祝福、促销信息及新品上新等内容,将热情和关心进行传递,提高顾客的忠诚度。

3. 利用聊天平台、VIP 会员制、各种促销、赠品等进行推广　首先,在淘宝网店购物的买家一般都会通过阿里旺旺等即时聊天工具与商家进行交流,淘宝网店可以通过对聊天工具的一些设置来展开日常的推广宣传。如商家可以设置阿里旺旺自动回复,在回复中补充说明新品信息、促销信息等引起顾客关注,同时也可以缓解顾客等待答复时的焦虑。还可以创建买家群,通过群发布店铺最新信息,了解买家最新购买动向。其次,淘宝店铺可以根据买家的购买金额多少等设置 VIP 会员制。从营销学角度来看,只对会员实施折扣优惠这种规则能够被大众普遍接受,且能够让 VIP 会员产生优越感和优惠感,从而激发再次购买的欲望。VIP 会员制可以根据买家的购买金额来对级别进行设置,且将这种设置信息在店铺显眼处详细公告,所有达到标准的顾客都可享受 VIP 会员制中的相应折扣。除此之外,淘宝店铺可以根据店铺经营情况、节假日情况进行各种促销活动,如限时打折、搭配套餐、秒杀、包邮等都可以促进店铺浏览量和成交量的提高,同时帮助淘宝店铺赚取更多信誉。

4. 通过淘金币来推广店铺商品　淘金币是淘宝网的虚拟积分,卖家在购买商品后往往可获得一定数目的淘金币。当店家对淘金币模式进行设置后,买家在购买商品时即可通过淘金币抵扣。淘金币平台可以说是品牌折扣换购中心,几乎淘宝全网的积分体系都被淘金币所覆盖,它的使用率可谓是淘宝积分体系中最高的。淘金币对于买家来说是一种折扣优惠,买家还可以在淘金币兑换页面对自己喜欢的宝贝加以挑选并通过淘金币来兑换或者享受优惠。对于卖家来说,这是一个很好的运营推广平台。淘金币用户通常都已经拥有两心或更多信用等级,这些人是淘宝购买力强也是最活跃的人群,因此通过淘金币平台可以为淘宝网店带来更多更优质的潜在买家。此外,淘金币平台还可以对店铺商品进行展示,促进店铺品牌或商品的曝光率,促进店铺形象和口碑的提升。通过淘金币平台进行七天活动的时段内,能够缩短店铺打造爆款的时间,促进店铺流量和全店营销额的提升。

5. 通过淘宝帮派打造店铺影响力　淘宝帮派是立足类似需求基础而将买家和卖家聚集起来的淘宝站内平台。网店可以通过对帮派的利用来拓展人脉,促进自身或店铺影响力的增加。目前淘宝里面有很多帮派,有些帮派会不定期举行拍卖,同时会进行发帖送店铺商品宣传册等活动,使买家在收到商品后能够对店铺有更多了解。

二、淘宝网站站内推广运营

1. 通过淘宝直通车对店铺进行推广　作为淘宝内常见推广工具,淘宝直通车是淘宝为淘宝卖家运行推广专门定制的功能,可用于各个级别卖家。进行竞价付费后,淘宝卖家即可在淘宝搜索网站展示网店商品。其操作十分简单,卖家只需登录淘宝直通车,选择店内需要推广的宝贝,添加必要的关键词、类目及推广标题等即可。当然,为了吸引更多客源,网店直通车商品在对关键词进行设置时必须要足够热门、贴切,且日常使用率高,淘宝店铺可以多参加帮派举行的各种活动,在积攒人脉的同时拉动店内人气。

2. 通过友情链接、加入消费者保障服务(消保)等来运营推广　淘宝店铺页面的左下处设置有"友情链接",通常可以加入35个店铺链接,卖家可以通过与其他卖家来互换友情链接使彼此出现在对方店铺页面中来增加顾客流量。友情链接中的店铺在经营内容上应以互不冲突为原则,同时可使彼此有一定关联性,顾客群比较相近,这样顾客才会感兴趣点击进入友情链接店铺。除此之外,淘宝店铺还可以通过加入消保来进行运营推广。在淘宝的首页搜索中,前几十页的店铺一般都是加入消保的店铺,没有加入消保的话很难被买家搜索到,加入消保也可以使买家对卖家店铺的信任度有所提高,一种是个人,另一种是网站。

3. 淘宝客推广　淘宝客推广这种模式是专门针对卖家淘宝网站以外的推广而开设的,通过淘宝客宣传后可以收获淘宝网以外的流量和人力,吸引更多的顾客。且通过淘宝客展示商品、获得点击量及推广这些步骤都是免费的,只有在成交后卖家才需要向淘宝客支付佣金,同时卖家还能对佣金比例随时调整,对支出成本灵活控制,属于成本低、资源广的一种网店营销推广手段。

三、淘宝外部推广运营

1. 通过人脉、论坛加强网店推广　首先,除了店内推广和站内推广外,淘宝网店还可以充分利用淘宝外部推广手段。在店铺成立初期,卖家可以积极利用人脉关系,将网店推广给亲朋好友等,通过人脉来拓宽店铺潜在客户群,提升店铺初期口碑。其次,淘宝店铺还可以对站外论坛推广加以利用,可以在知名论坛或者专业论坛相关板块进行发帖,通过帖子宣传自己的店铺,让更多的潜在客户群可以接触到店铺信息。

2. 通过搜索引擎、微博等进行推广　搜索引擎推广主要是买家通过对关键词进行搜索得到店铺名称、地址、经营范围等各种信息的推广方式。通过这种方式,店铺可以获得更多的检索量和更靠前的商品展示机会。在微博流行的今天,淘宝网店也可以将微博作为推广领域之一,利用微博发送与产品有关的信息吸引潜在客户群,利用微博的转发、信息传播快速等优势形成店铺的良性推广。

拓展训练

阅读"延伸学习"后,采用其中一种或多种方法进行推广练习。注意,在网络平台虚假宣传会被举报,甚至封号,请尽量推广真实产品,做真实描述。

参考文献

[1] 李剑欣,朱婉滢.关于传统美食文化与微信公众号融合创新的研究——以年俗美食为中心[J].采写编,2020(2):187-188,126.

[2] 邬晶晶.建构美食时尚传播新模式——以"艾格吃饱了"微信公众号为例[J].当代传播,2017(6):106-107.

[3] 唐鑫.如何打造一个有态度的美食公众号[J].新闻传播,2017(24):47-48.

[4] 黄治英.如何做一个出色的美食公众号[J].新闻研究导刊,2017,8(4):240.

[5] 闫朋辉,王丽娟.探析垂直领域自媒体的内容生产与运营——以美食类公众号"悦胃黄山"为例[J].传媒论坛,2019(17):15-16.

后记
POSTSCRIPT

各位亲爱的读者,通过系统的学习,相信您已经初步了解了餐饮行业创业必备信息技术素养。

那么,如何真正理解它们,掌握它们呢?

以下是诀窍哦。

第一步,合上书,回忆本书的重点内容。

第二步,试着讲述给其他人听,进行交流。

第三步,试着提问题,比如:为什么是这样?为什么不是那样?还有什么好的方法?还可以怎样应用?

经过这样几步,相信您一定有更深刻的理解。

能力来源于实战,请结合工作实际,在实践中灵活运用,大胆创新,不断扩展和延伸信息素养。

信息技术的发展永无止境,这意味着我们要不断学习,举一反三,只有勇立潮头、敢为人先,才能在市场经济的大潮中站稳脚跟,才能在残酷的竞争中立于不败之地。

最后,希望大家永远秉持学习的热情和开创的精神!